길을 가는 자여 행복하여라

길을 가는 자여 행복하여라

양문규 여행에세이

詩와에세이

작가의 말

어찌하다 보니 이순을 훌쩍 지나고 있습니다. 길을 가다 보면 돌부리에 걸려 넘어질 때도 있고, 진흙탕 속에 빠져 허우적거릴 때도 있었습니다. 그래도 더러 벌 나비가 붕붕 나는 꽃길도 만날 수 있었으니 인생은 살 만한 것이라 여깁니다.

여기 글은 2010년부터 2023년까지 문우들과의 문학기행 그리고 지인과 가족과의 국내외 여행 이야기입니다.

여행 원고를 정리하면서 세월이 유수 같다는 말을 새삼 깨닫습니다. 천태산 여여산방에서부터 시작된 발걸음은 읍내 여여글방과 삼봉산 여여산방까지 십여 년이 눈 깜짝할 사이 지나갔습니다. 그동안 여행을 함께했던 몇몇 지인은 글 둥지를 떠났습니다. 또 몇몇은 이미 저세상 사람이 되었습니다. 아버지는 한평생 짓던 인삼 농사를 접었고, 오랫동안 병마에 시달리던 엄마는 거동이 불편해 지난해 요양원에 입소하였습니다. 그리고 딸내미는 시집을 가고, 아들내미도 결혼을 합니다. 어찌 그뿐이겠는지요.

여행하면서 "아는 자가 좋아하는 자보다 못하고 좋아하는 자가 즐기는 자보다 못하다(知之者不如好之者 好之者不如樂之者)"(『논어』, 「옹야」)는 걸 절실히 알게 되었습니다. 길이 있으니 길을 가는 것과 같이 여행하면서 무엇을 배우고 공부하는 것도 중요하지만 여행 그 자체를 즐기는 것이 더 행복하였습니다.

2025년 새해 아침, 천태산 은행나무를 찾았습니다. 한때 천태산 은행나무에 기대어 살다 죽으면 여한이 없을 거라 여긴 적이 있습니다. 천태산 은행나무는 여전히 생의 기쁨이며 희망이고 안식입니다. 천태산 은행나무처럼 하루하루 '생을 다시 찾는 여행'을 꿈꾸기 때문입니다.

세계는 "과거와 현재와 미래의 마음도 찾을 수 없다(過去心不可得 現在心不可得 未來心不可得)"(『금강경』)지만 '지금, 여기' 진지한 삶을 체득하는 생생한 마음으로 다시 길을 나섭니다.
길을 가는 자여 행복하여라, 메아리가 들려 옵니다.

2025년 정월 여여산방에서
양문규

작가의 말 · 04

제1부

생을 다시 얻는 봄날 · 11

작은 침묵을 위하여 떠나는 또 다른 침묵 · 21

가슴으로 듣는 새벽 종소리 · 29

얼씨구, 지화자, 좋다 · 37

말랑말랑한 시를 찾아서 · 47

풀섬에는 시인의 집이 있다 · 56

절망(絶望) 아닌 또 다른 절망(切望)을 찾아서 · 68

망종(芒種)을 하루 앞두고 · 84

과거로의 여행 · 95

지혜의 바다로 가는 자여 · 102

제2부

평화의 나라, 베트남 · 127

구름이 흐르는 산의 남쪽 · 143

불경한 봄날 시비(詩碑) 찾아 한 바퀴 · 166

조치원 아홉거리 길목 따라서 · 181

빛을 찾아가는 길 · 192

길을 가는 자여 행복하여라 · 205

여행을 하면서 여행을 반문하다 · 228

공주에 가면 · 236

친정아버지 비행기 타다 · 246

천황사 전나무 · 273

생을 다시 얻는 봄날

　사월 초파일, 이른 아침 천태산 영국사에 들러 참배를 한 후 하동을 향해 차를 몰았습니다. 온 누리가 푸르름을 더해 가면서 세상은 맑고 향기로운 불국을 이루고 있었습니다. 무주, 장수를 지나 남원으로 들어서자 보리밭이 황금빛으로 빛나고 있었고요. 자운영꽃은 흔적도 없이 사라지고, 그 자리 모를 내기 위해 논갈이와 써레질이 한창이었지요. 문우들과 떠나는 악양, 강진 문학기행은 출발부터 볼거리가 풍요로워 마냥 즐겁고 행복했습니다.
　하동 화개장터에 도착하자 김용길 시인이 반갑게 맞이해 주었습니다. 먼저 도착한 문우들과 장터 모퉁이 쉼터에 앉아 시원한 녹차로 목을 축일 즈음 울산의 시인들이 합류하였지요. 서울 팀은 오후 늦게 도착한다는 전화가 있었고요. 하여 우리 일행은 먼저 쌍계사로 향했습니다.
　부처님 오신 날이어서 그런지 절로 가는 길은 붐볐습니다. 그러나 물소리만은 세상 번잡함을 벗어나 청아했습니다. 사찰 경내를 들어서자 울긋불긋 연등이 세상을 환하게 수놓고 있었습니다. 저 안에 빈자일등(貧者一燈), 어느 가난한 농군의 연등도 걸려 있겠지요. 금당을 오르면서 부처님이 이 땅에 오신 연유가 어디에 있을까 자문하며 절하고 악양 평사리로 향했지요.

박경리 『토지』는 한국현대문학사에 가장 뛰어난 작품으로 평가받고 있습니다. 이를 기리기 위해 평사리문학관이 만들어지고, 『토지』와 관련 각종 행사를 하고 있는데요. 나도 몇 년 전 이곳 '토지문학상' 시 부문 심사를 했습니다. 다시 찾은 평사리문학관은 몰라보게 변화했는데요. 상가가 들어서고, 토지 드라마 중심인물의 가옥을 재현해 놓아 딴 세상이 되어 있었습니다. 그만큼 평사리문학관은 지리산과 더불어 하동의 명품 관광지로 거듭나는 증거겠지요. 평사리문학관 관람이 끝나갈 즈음 순천의 박두규 시인이 합류했습니다.

하신흥리로 가는 길은 지리산 형제봉을 앞에 두고 구불구불 산길이었습니다. 첩첩산중이라 아마도 몇 가구만 있는 작은 마을일 거라 생각했는데요. 마을 입구로 들어서니 제법 큰 마을이 펼쳐졌습니다. 그 한가운데 김용길 시인의 생가가 있었지요. "참말로 큰 마을이구만. 난 경치 좋은 곳의 별장쯤 생각했는디." 박두규 시인 역시 저와 같은 생각이었나 봅니다. 자식들 다 출가시키고 홀로 사는 김 시인의 아버님께 인사를 올린 후 마당에 차려진 음식상에 둘레둘레 앉을 무렵 서울에서 내려온 일행이 구례역에서 택시를 타고 달려왔습니다. 그리고 지리산의 이원규 시인이 아내와 함께 오토바이를 타고 왔고요. 박남준 시인은 여주 남한강에 갔기 때문에 볼 수가 없었습니다.

푸짐하게 차려진 음식은 김용길 시인을 빼닮았습니다. 텃밭에서 갓 뜯어온 상추, 쑥갓, 곰취를 비롯한 가죽나무 잎이 그러했습니다. 그리고 김 시인의 세 아우님이 고기를 굽는 수고까지 더해져 지리산 자락의 저녁이 붉게 물들어 갔습니다. 노랫가락이 이어지는 가운데 종종 형제들의 입담은 흥겨운 자리를 보다 더 흥성하게 해주었지요. 말벌 10방 쏘이고, 지네에 물리고도 멀쩡했다는 막냇동생, 산삼 서른 몇 뿌리를 캐서 동네 사람들과 두루두루 나누어 먹었다는 둘째 동생. 그런데 뜻밖의 사태가 벌어졌습니다. 셋째 동생이 엉뚱하게도 뱀(독사)을 들고 나타나 모두 기겁을 하고 아우성을 쳤는데요. 사월 초파일이니만큼 뱀은 무사히 방사되었습니다.

술이 몇 순배 돌고 노래가 이어졌습니다. 임윤 시인의 노래가 50, 60세대로 데려갈 무렵 김용길 시인이 「나비부인」을 부르겠다고 자청했습니다. 뭔 오페라냐고 했는데 테너 톤으로 부르는 "나비야 나비야 이리 날아오너라"를 들으며 모두 배꼽을 쥐고 웃었습니다. 이주언 시인의 노래를 들을 때는 모두 동심으로 돌아가기도 했는데요. 노래는 물론 동작까지 어린애와 같았습니다. 박두규 시인의 노래는 애잔하면서 어떤 힘이 들어 있었지요. 예전에 소설가 송영 선생님을 비롯해 이광웅, 김남주 시인이 자주 불렀던 「부용산」이었습니다. 이미 두 시인은 작고하였지만 박두규 시인의 노래로 그리운 시인을 그리는 뜻깊은 자리가 되어 기뻤습니다.

이른 아침, 재첩국으로 속을 푼 우리는 강진으로 가기 위해 서둘러야 했습니다. 그러나 악양 큰길로 나가기 전 동네 뒤편에 있는 금봉암에 올랐습니다. 섬진강과 상신흥리와 하신흥리 등을 비롯한 인근 마을이 한눈에 들어왔는데요. 풍광의 아름다움이 지리산의 넉넉한 품을 닮아 있었지요. 평사리를 지날 즈음 "그냥 쑥쑥 빠져 강진으로 가야 할 건디, 저 친구 하세월이고만." 전건호 시인의 한마디가 있었는데요. 이왕 하동에 왔으니 처처를 구경시키고자 하는 김 시인의 따뜻한 마음을 읽을 수 있는 대목입니다.

앞장선 김용길 시인의 차는 또 구불구불 낯선 산길로 들어섰습니다. 광양 매화마을이 아닌 하동 흥용리 먹점마을이라 했습니다. 전 시인은 이곳을 훤하게 알고 있었는데요. "여기가 매화의 시배지"라 하면서 알이 굵어 실하고, 광양의 매화와는 근본적으로 다르다고 자랑입니다. 계곡과 매화나무를 따라 얼마간 올라가니 무릉도원이나 다름없는 별천지 '산골매실' 펜션이 나타났는데요. 자연 그대로의 멋을 살린 가옥과 정원이 우리를 한동안 그곳에 붙들어놓았습니다. 주인장이 내놓는 차를 마시고 겨우 발길을 돌릴 수 있었으니까요.

강진 무위사에서 박부민 시인과 약속한 시간에 차를 대기 위해 내비게이션이 일러주는 가장 빠른 길을 달렸습니다. 지난겨울 배한봉 시인, 김경복 문학평론가와 함께 목포 김선태 시인을 만나러 갈 때 국도를 이용, 가는 도중 벌교 조정래문학관을 둘러본 후 그곳에서 꼬막정식을 먹은 바 있었는데요. 우리 일행도 약속이 없는 자유 여행이었다면 아마도 조정래문학관을 관람하고 점심으로 꼬막정식을 먹었겠지요. 그뿐 아니라 길 따라 낙안민속마을도 들렀을 것입니다.

그러나 강진에서 우리가 지도를 그렸던 곳을 돌아봐야 하는 까닭에 쉼 없이 남해고속도로, 충무공로 등을 타고 무위사에 도착한 것은 오전 11시경이었습니다.

무위사로 들어서자 우리 일행을 먼저 반기는 것은 백구였습니다. 유홍준은 『나의문화유산답사기 1』(창작과비평사, 1993)에서 "변함없는 것은 오직 무위사의 늙은 개뿐이었다."라 했는데요. 아마도 이 개는 20여 년 전 미술사학자 유홍준이 본 송아지만 한 늙은 개의 후손이 아닐까 생각했습니다. 백구는 능청스럽게 관람객이 버린 휴지 조각을 줍고 다녔는데요. 서당개 3년이면 풍월을 읊는다는 옛말을 떠올리며, "초목국토(草木國土)가 모두 불성이 있다(有佛性)"는 제법실상(諸法實相)의 진리를 이 개를 통해 확인하는 순간이기도 했습니다. 무위사 주불인 극락보전에 이르러서는 고개가 절로 숙여졌습니다. 유홍준은 어떤 미사여구를 동원해도 소담하게 단장된 극락보전의 아름다움을 반도 전하지 못할 것이라 했는데요. "너도 인생을 가꾸려면 내 모습처럼 되어보

렴." 조용한 충언을 마음속 깊이 새겼습니다.

박부민 시인의 안내를 받으며 차밭을 지나, 곧바로 월남리에 도착한 것은 늦은 점심때였습니다. 무엇보다 장엄하게 펼쳐져 있는 월출산의 크고 작은 봉우리들이 우리 일행을 반겼지요. 그리고 폐사지 월남사의 삼층석탑을 만날 수 있었습니다. 이 탑은 월출산의 빼어난 경관을 가장 명징하게 조망할 수 있는 곳 같았습니다.

어제 술로 놀랜 배를 아침 식사 때 재첩국만으로 달랬기 때문에 배가 많이 고팠습니다. 마을 입구에 한적한 한옥 펜션 식당으로 들어서자 시장기가 발동했는데요. 박부민 시인이 미리 주문한 한방오리백숙이 담백하면서도 맛깔스러웠습니다. 거기에 푸짐한 남도의 반찬과 묵은지와 매실장아찌까지 맛보았지요. 배가 부르니 비안개를 두른 월출산과 월남리 마을이 더없이 아름답게 보였습니다.

박부민 시인은 박종권 시인(작고)과 박호민 시인의 동생으로 얼마 전 박몽구 시인의 소개로 알게 되었습니다. 그 이후 이런저런 연유로 통화를 하면서 오래된 친구처럼 느끼다가 이날 첫 만남을 갖게 된 것이고요. 아마도 그와 더욱 가까워질 수 있는 계기는 아마도 내가 불의의 사고로 타계한 그의 맏형 박종권 시인의 유고 시집 『찬물 한사발로 깨어나』((주)실천문학, 1995)를 출간했기 때문일 것입니다.

박종권 시인과의 인연은 오래전으로 거슬러 올라갑니다. 내가 민예총 살림 살던 시절인 1989년부터인데요. 그는 인간문화재 김명환 선생에게서 판소리 고법을 전수받은 이력으로 술자리에선 언제나 가객 역할을 마다하지 않았지요. 아직도 그의 「춘향가」를 비롯한 판소리 장단을 잊을 수가 없습니다. 무엇보다 「쑥대머리」는 우리의 애간장을 태우기에 부족함이 없었지요. 15년 세월을 훌쩍 넘어 박부민 시인과의 해후는 그래서 더욱 반가웠습니다.

　강진 읍내에 위치한 영랑생가를 찾았을 때 가장 먼저 눈에 띈 것은 영랑생가 옆 낮은 영랑아파트였습니다. 그곳에 차를 주차하고 「돌담에 속삭이는 햇발」을 재현하듯 구부러진 돌담을 지나니 「모란이 피기까지는」 시비가 일행을 반겼습니다. 모란은 지고 그 흔적만 남아 있는 늦은 봄날, 당대의 남도 방언과 서정이 무르녹아 있는 향토성 짙은 마당을 밟으며 빗속에서도 잠시 행복했습니다.

빗길을 달려 도착한 백련사는 사람들로 북적였습니다. 아마도 절을 찾는 사람과 다산초당으로 가는 관람객들이 함께 뒤섞여 그런가 봅니다. 그러나 동백나무숲은 세파의 발소리를 멀리한 채 고요했습니다. 우리는 '만경다설'에서 목백일홍 사이로 얼비치는 바다를 바라보며 여연 스님이 내준 햇차를 마시고 다산초당으로 향해 절을 나섰습니다.

다산초당 가는 길도 붐비기는 마찬가지였습니다. 다산초당은 나무들로 둘러싸여 답답하게 느껴졌습니다. 거기에 비까지 내리니 오죽했겠는지요. 그런데도 이 궂은 날씨에 많은 사람들이 앞다퉈 찾는 연유가 어디에 있을까요. 지방마다 문화를 관광 상품으로 내세워 큰 인기를 얻는 곳이 점차 늘고 있는데요. 그중 가장 대표적인 곳이 강진이 아닐까요. 그러나 적잖은 실망감도 없지 않았습니다. 초당 아닌 와당이 그랬는데요. 다산의 나라와 백성을 생각하는 절절한 애국·애민사상을 숭배한 터라 얼른 불경한 생각을 지우며 천일각을 올랐습니다.

저녁이 되면서 빗줄기가 점점 굵어졌습니다. 정남진에 도착했을 때는 몸도 가눌 수 없을 정도로 비바람이 세찼는데요. 바닷가를 거니는 것을 포기하고 마량항으로 바로 차를 돌렸지요. 마량항에 도착하자 모두 이구동성으로 마량항을 극찬하기 바빴습니다. 유미애, 유현숙 시인 등 여류시인들은 이재무 시인의 「좋겠다, 마량에 가면」 시편을 이야기하면서 과연 마량항답다며, 더불어 거친 바람에 우산 쓰기를 포기하고 비를 맞으면서도 바닷가를 거닐었습니다.

마량은 그야말로 "소문조차 아득한 포구"가 확실했습니다. 그만큼 마력이 있었지요. "한나절만 돌아도 동네 안팎/구구절절 훤한, 누이의 손거울 같은 마을"이었습니다. 까막섬과 아름다운 항구에 넋을 놓을 즈음, 이재무 시인의 전화가 있었습니다. "어디여." 비 탓인지 술이 얼큰한 목소리였습니다. "마량인디", "누구랑 간 거시여, 세월 좋구만." 은근슬쩍 여친네와 같이 왔다고 농을 치다가 가족과 함께 왔다고 둘러댔습니다. 혼자 술을 마시는 형을 더 안쓰럽게 하고 싶지 않았지요. 형은 "김선태한테 전화하지." 했습니다. 그러고 보니 목포가 지척이었습니다. 김 시인은 금방 달려올 기세였지만, 재무 형한테 둘러댄 것처럼 다음에 보자며 바로 전화를 끊었습니다.

박부민 시인이 안내한 횟집은 자연산 회와 푸짐한 남도의 찬으로 차려졌습니다. 하동과 강진을 처음 와봤다는 문우들은 여길 오기 잘했다며, 가지 말자고, 언제 다시 또 올 수 있을까 행복한 고민을 하기 시작하였습니다. 술이 익어갈 무렵 광주에서 박응식 시인이 한걸음에 달려왔습니다. 모든 걸 버리고 이재무 형의 바람처럼 이곳에서 "옥빛 바다에 시든 배추 같은 삶을 절이고/절이다가 그것도 그만 신물이 나면/통통배 얻어 타고 휭, 먼 바다 돌고" 돌아다니다가 그것도 시들하면 "갯벌 같은 여자와/옆구리 간지럼이나 실컷 태우"며 세상 시름을 잊고 싶었습니다. 저녁 바다가 깊어질 대로 깊어진 후에야 숙소에 들 수 있었습니다.

 이번 여행을 하면서 많은 것을 공부했습니다. 자연이 주는 많은 것이 감사하고 또 하나의 풍경이었던 문우들이 감사했습니다. 여행만큼 사람과 사람 사이를 가깝게 해주는 것이 따로 없다는 것을 새삼 절감했지요. 문학을 한다는 것만으로 마음과 마음이 하나가 되었으니 말입니다. 뜨거운 사람들과 생을 다시 얻는 환한 봄날이었습니다.

작은 침묵을 위하여 떠나는 또 다른 침묵

　강원도 영월 김삿갓면 예밀리, 유승도 시인을 만나러 가는 여정을 두고 고민이 깊었습니다. 천둥 번개를 동반한 장맛비가 며칠째 계속되었기 때문입니다. 유 시인에게 전화를 걸어 다시 일정을 조정할까 고려도 했었지요. 하지만 임형신 시인까지 함께한 약속을 일기로 번복한다는 건 예의가 아니라 생각했습니다. 고심 끝에 승용차 대신 기차를 이용하기로 했습니다. 그러기까지 원주의 강규 시인 도움이 컸습니다. 다음 날 오후 영주 박승민 시인의 첫 시집 출판기념회가 있는데, 거기 함께 참석한 후 여여산방까지 데려다주기로 했습니다. 달랑 배낭 하나 메고 떠나는 기차 여행이 얼마 만인지요.
　유승도 시인을 만나기 전 서점에서 구입한 그의 첫 시집 『작은 침묵을 위하여』(창작과비평사, 1999)와 그 이후 그가 손수 보내준 『차가운 웃음』(랜덤하우스, 2007), 산문집 『고향은 있다』(랜덤하우스, 2007)를 열차 안에서 다시 꺼내 마음 닿는 대로 읽는 재미는 오랫동안 경험하지 못한 낭만이었습니다. 책과 차창 밖 풍광에 번갈아 시선을 대다가 졸리면 눈을 붙이는 자유로운 독서가 되었는데요. 자가운전에서는 찾아볼 수 없는 또 다른 묘미였습니다.

유승도 시인과의 해후는 그간 두 번 있었습니다. 2006년 늦은 봄 원주 박세현 시인과 점심 식사 후 그를 찾았고요. 2010년 늦은 가을 그가 '천태산 은행나무 시제' 참가해 만날 수 있었지요. 그땐 서로 인사만 나누는 짧은 시간이었습니다. 그러나 우린 오랫동안 사귀어 온 벗처럼 속내를 읽어낼 수 있었는데요. 아마도 자연에 기대어 사는 처지가 닮아 있기 때문일 것입니다.

　유승도 시인의 시와 산문은 자연에 바탕을 두고 있습니다. 그러나 그 자연은 유유자적 전원생활을 즐기는 데 있지 않습니다. 그의 사부 김명인 시인은 '홀로 고립되는 격정을 비로소 자각하는 우주적 외로움, 이 개성은 유승도 시인만의 특화인데, 여기엔 정선 구절리에서 혼절하며 발견해낸 눈부신 햇살'로 봤습니다. 김춘식 평론가 역시 '산, 자연을 안주의 터전이 아니라 새로운 질적 변화를 필요로 하는 안식의 대상으로 새롭게 바라본 점은, 시인의 진정성이 유난히 돋보이는 대목'이라 하였지요.

　영월까지 가는 동안 유승도 시인에 대해 곰곰 생각해 봤습니다. 시인은 어떤 연유로 강원도 땅에 자신을 유폐시킨 걸까요. 그것도 오지 중 오지인 정선 구절리를 거쳐 영월 망경대산 예밀리에 똬리를 튼 여정에 대해 크게 궁구하지 않을 수 없었는데요. 지리산의 박남준 시인과 이원규 시인도 마찬가지였습니다. 그러나 이들 두 시인은 1980년 말부터 지금까지 이런저런 일들로 뜻을 같이하며 만나고 있으니 어렴풋이 그 깊은 속내를 읽을 수 있었지요. 거기에 자연·생명·평화를 삶의 한가운데 두고 사는 것 역시 나와 별반 다르지 않다고 생각하니까요. 하지만 유승도 시인은 이들과는 전혀 다릅니다. 우선 크고 작은 어떤 모임에서도 직간접적인 접촉이 없었기 때문입니다.

　　내가 인간세계에서 승도라는 이름으로 살아가듯이

새의 세계에서 새들이 너를 부르는 이름을 알고 싶다

새들이 너를 부르듯 나도 너만의 이름을 부르고 싶다

오래도록 마음의 문을 닫고 세상을 멀리하며 나는 살아왔다

아침이야 아침이야 네가 햇살보다 먼저 찾아와 창문 앞에서 나를 불러 아침을 안겨주었듯 저기 저 산, 네가 사는 숲에 들어가 나도 너의 둥지 옆에서 너의 이름을 불러, 막 잠에서 깬 너의 눈이 나를 보는 것을 보고 싶다

그때 너는 놀라며 나의 이름을 부르겠지…… 승도야

—유승도, 「나의 새」 전문

유승도 시인은 1995년 「나의 새」 등으로 문단에 발을 들여놓았습니다. 이 시는 유승도 시인이 추구하는 시적 태도를 가장 선명하게 드러내주고 있습니다. 그리고 그가 살아온 삶의 내력을 밝혀줄 단서를 제공하고 있는데요. "오래도록 마음의 문을 닫고 세상을 멀리하며" 살아온 유승도 시인, 무엇이 이토록 그를 세상 밖으로 밀어낸 것일까요. 왜 문을 걸어 잠그고 유배의 땅으로 들어서게 한 걸까요. 저기 저 산속에서 새의 이름으로 살아가고자 하는 강한 의지를 표명하는 건지요. 그는 아직도 "바람이 어디서 불어오는지 알려하지 않았으므로 어디로 가는지를 묻지도 않"(「침묵」)습니다. 그 끝자락은 아마도 자연의 이름으로 살아가는 물상들이 비로소 '승도야' 부르며 같이하는 자리가 아니겠는지요.

영동에서 대전을 거쳐 제천까지, 또다시 기차를 타고 영월역에 내리기까지 한나절이 걸렸습니다. 가는 동안 크고 작은 산과 산 사이 들녘은 여느 들녘과 차이가 없었습니다. 그러나 충주를 지나면서 옥수수, 감자, 더덕, 마, 배추 등이 논과 밭에 푸른 물결을 이루고 있었는데요. 아, 여기가 말로만 듣던 감자바위 강원도로구나……. 기차는 높은 고개를 바쁜 것 없이 느릿느릿 가다가 스르르 미끄러져 오후 4시 반쯤 영월역에 닿았습니다.

영월역에서 유승도 · 임형신 시인을 만나 반갑게 인사를 나눈 후 동강을 향했습니다. 차일피일 미루던 이번 여행은 지난 5월 『미네르바』 문효치 시인과 『문학 · 선』 홍신선 시인이 주관한 충북 북부(충주, 단양, 제천) 문학기행에서 만난 임형신 시인 덕분에 이루어졌습니다. 그때 임 시인에게 제천 가까이 유승도 시인이 살고 있다고 전했더니, 얼마 전 유 시인 집에서 하룻밤을 잤다며 가끔 본다고 했습니다. 임 시인은 교직에서 퇴직한 후 영월 산골마을 농지를 구해 농막을 짓고 농사를 짓는다고 했는데요. 그런 연유로 유 시인을 알게 되었다고 합니다. 나는 그날 단박에 가까운 날 유승도 시인과 함께하자고 제안했던 것입니다.

　동강과 서강이 만나 남한강으로 흘러드는 강 위 좁은 도로를 달려 김삿갓면으로 들어섰습니다. 그때 유 시인은 그냥 '삿갓면'이라 했으면 좋았을 거라며 구시렁대듯 한마디 던졌습니다. 그러고는 김삿갓 묘에 대한 유례를 설명했는데요. 김삿갓 묘의 사실 관계를 떠나 현재는 영월의 문화 상품으로 각광을 받고 있고, 김삿갓문학상 운영위원회에서는 매년 그의 문학적 업적을 기려 '김삿갓문학상'을 시행하고 있다 했습니다. 그동안 유배지와 탄광의 멍에를 벗고 동강과 함께 자연, 문화 관광 고을로 거듭나는 영월의 현주소를 읽을 수 있었습니다.

망경대산은 70년대 전후 영월의 대표적 탄광촌이었다고 합니다. 우체국, 학교, 극장 등이 있었다니 얼마나 많은 사람들이 탄광에 기대어 삶을 영위했나 짐작이 갑니다. 그러나 지금은 망경대산 곳곳의 마을이 보잘것없는 폐촌의 모습을 띠고 있는데요. 유승도 시인의 예밀리(삭도)도 예외는 아니었습니다. 구불구불 산길을 따라 한참을 올라가 산허리 중턱 외딴집에 들었습니다. 바로 이곳이 자급자족 생활을 하기 위해 농경지를 일궈 곡식을 가꾸는 삶의 터전이었는데요. 그의 아내가 텃밭에서 고추, 오이, 쑥갓이 가득 담긴 바구니를 들고 나오며 반갑게 맞아주었습니다.

이 세상을 살아가면서 가슴 아픈 사연 하나쯤 없는 사람은 없을 것입니다. 술좌석 중간중간 끊어질 듯 이어지는 이야기와 침묵 속으로 그가 살아온 질곡의 역사가 얼비쳤습니다. 그가 겪은 고초는 뒤울안 급하게 흘러가는 도랑물처럼 콸콸 가슴을 후려쳤습니다. 물론 그가 한때 정선 구절리에 거처를 두기 전 막노동판과 탄광촌으로, 그리고 연안 어선을 탄 경력을 모르는 바 아니었습니다. 그런데도 그의 삶의 이력을 들으면서 붉거지는 눈시울을 어찌할 수 없었습니다. 그러다가도 나도 모르게 크게 박수를 치며 짠한 웃음을 짓기도 하였는데요. 형제 중 하나 정도는 대학을 나온 사람이 있어야 하지 않겠냐는 형의 권유로 대학을 갔다고 하니 유승도 시인다웠습니다.

그의 시에는 가난이나 아픔을 토로하지 않습니다. 어설픈 현실도 나타나지 않을 뿐만 아니라 전원적 삶의 예찬도 없습니다. 이를 두고 김명인 시인은 "세상과의 불화로 그 바닥을 오래 헤매본 자만이 요청할 수 있는 눈물겨운 화정(和淨)의 세계"로 명명한 바 있습니다.

유승도 시인은 산속에 살고 있지만 산속에 살고 있지 않습니다. 그런 시인을 나는 산을 올려다보듯이 바라봤습니다. 골바람 속에 앉아 있는 시인은 산을 이야기하지 않았습니다. 예밀리 외딴집, 골짜기를 휘돌아 나가는 물을 바라보고 바람 소리를 들을 뿐이었지요. 그러므로 나는 "십 년 묵언에 들어가 있다는 한 사람을 생각했으나 왜 그래야 하는 지에 대해서"(「침묵」)도 또한 묻지 않았지요. 그가 바람 속에 있으므로 "바람의 처음과 끝을 이야기하지 않"는 것처럼 작은 침묵을 위하여 또 다른 침묵을 생각할 뿐이었습니다.

우리가 밤새 나누었던 이야기 끝자락에 나는 유 시인에게 앞으로의 삶도 지금처럼 여기 그대로 여여했으면 좋겠다 하였습니다. 그러나 유 시인은 지난 2004년 세계일보 조용호 기자의 『전원 속의 작가들』 인터뷰에서 밝힌 바와 같이 "평생 이곳에 눌러 살겠다는 뜻도 없고…… 떠날 상황이 되면 떠나는 것이고요." 하였습니다.

얼마나 지났을까요. 나는 술기운을 이기지 못해 두 시인을 툇마루에 남겨둔 채 잠자리에 들었습니다. 두런두런 이야기 소리가 바람 소리 같기도 하고, 물소리 같기도 하다는 생각을 하면서 아침을 맞았는데요. 임 시인과 "물안개도 잠시 매달아놓았다 하늘로 올려보내고 지나가는 새소리도 담아두었다 스치는 바람에 안"(「절벽 밑을 지나며」)겨 망경대산을 올랐습니다. "골짜기와 숲, 저 하늘로 가는 길을" 묵묵히 걸었지요.

"술을 먹고 10시 이전에 일어나는 건 손님으로서 예의가 아닌데……." 산행을 하고 돌아온 우리에게 건네는 나지막한 그의 농담과 함께 시원한 해장국을 먹고 유 시인의 차로 임 시인의 거처로 가 잠시 한숨을 돌렸습니다. 장맛비 대신 불볕더위가 엄습했습니다. 강규 시인과의 약속이 두어 시간 남아 탄광생활촌으로 자리를 옮겼는데요. "무엇 하러 이 산중에 들어왔느냐/한 발만 헛디뎌도 생명의 저 끝이 보이는 곳이 이곳인 줄 몰랐더냐/나 또한 이 벼랑을 의지해서 목숨 한 가닥 붙이고 사느니,/흐느끼지 말"(「절벽에 붙어선 산양을 보앉다.)라는 유 시인은 까만 눈과 까만 수염으로 세상을 보고 또 굽어보고 있는 것처럼 보였습니다. 얻으려 하면 잃고 비움으로써 충만한 삶을 견지하며 떠나고 머무름이 중요하지 않다는 유승도 시인! 그의 작은 침묵을 위하여 또 다른 침묵을 불러봅니다.

승도야! 어디로 가야 하나? 그의 이름을 부르며 길을 나섰습니다. 잠자던 침묵이 부스스 눈을 떴습니다.

가슴으로 듣는 새벽 종소리

지난해 5월 안동 출신 김윤환 시인으로부터 경북 북부 문학기행을 제안받은 적이 있습니다. 이 여행의 중심에는 권정생 아동문학가와 이육사 시인이 있었습니다. 그리고 하회마을, 병산서원, 도산서원 등을 비롯한 영주 부석사, 소수서원 등을 두루 여행하자는 취지였는데요. 차일피일 미루다 그만 때를 놓치고 말았습니다.

지난해는 이런저런 일들로 정신없었습니다. 크고 작은 행사를 연이어 치렀기 때문입니다. 그리고 영국사 뒷방지기로 살 때 틈틈이 써 놓았던 산문을 정리하여 『너무도 큰 당신』을 세상에 내놓았습니다. 그러다 보니 김윤환 시인이 제안한 경북 북부 문학기행을 까마득히 잊고 말았습니다.

그 아쉬움이 불현듯 안동으로 발길을 옮기게 했습니다. 이육사문학관에 삶터를 두고 있는 이위발 시인에게 전화를 넣고 여여산방을 나섰습니다. 안동으로 가는 길목에서 마주친 낙동강은 벌거숭이 강처럼 보였습니다. 강변 모래밭과 풍요로운 숲은 온데간데없고 큰물이 담긴 호수가 바다처럼 끝도 없이 펼쳐져 있었는데요. 숲과 모래가 없는 깊은 강물은 겨울 철새가 노닐기에는 너무

위험한 것일까요. 그 흔한 청둥오리 한 마리도 보이지 않았습니다. 생명이 함께하지 않는 저 낙동강을 권정생 선생이 보았더라면 뭐라 했을까요.

　상주 사벌, 예천 풍양을 거쳐 먼저 민속적 전통과 건축물이 잘 보존된 풍산 유씨 집성촌 안동 하회마을을 들르기로 했습니다. 이 마을은 1984년 중요민속자료 제122호로 지정된 이래 많은 사람들이 즐겨 찾는 안동의 명소로 10여 년 전 가족과 찾은 적이 있습니다. 하회가 지칭하는 말 그대로 흐르는 물길을 가만 들여다보고 싶었습니다.

　한겨울 하회마을 풍경은 어떨까 궁금하기도 하였습니다. 그러나 하회로 가는 길은 만만치 않았습니다. 2010년 안동의 하회마을이 경주의 양동마을과 함께 유네스코 세계문화유산으로 등록된 이후 마을 입구에 차를 주차하고 셔틀버스를 이용해야만 했는데요. 겨울철이라 그런지 하회마을 오가는 셔틀버스 배차 시간이 길었습니다. 하루 일정으로 안동 처처를 돌아봐야 하는 관계로 부득이 하회마을 입구에서 발걸음을 병산서원으로 돌려야만 했습니다.

　찬바람 쌩쌩 백일홍 나뭇가지를 간질이고 있는 병산서원은 삭막하기 그지없었습니다. 오고 가는 길 아래 강변에는 무슨 공사를 하다 쉬고 있는지 그 몰골이 흉측하기 짝이 없었습니다. 수려한 자연 경관이 병풍을 둘러친 듯하여 '병산'이라는 이름이 붙여졌다 하는데 이곳은 아무래도 다음에 들를 걸 하며 일직면 조탑리로 향했습니다.

　부끄럽게도 권정생 선생에 대해 특별한 관심을 가진 적이 별로 없습니다. 그가 어떤 삶을 살다 돌아가셨는지도 잘 알지 못했으니까요. 물론 민예총 시절 신경림 선생으로부터 귀동냥으로 권정생 선생의 근황을 간간 듣긴 하였지만 그건 그냥 지나가는 바람일 뿐이었습니다. 아마도 그의 첫 작품을 읽은 건 TV 드라마로 큰 반향을 불러일으켰던 『몽실언니』가 아니었나 생각이 듭니다.

그 이후 「강아지 똥」, 「하나님의 눈물」 등을 읽으며, 삶에 바탕을 둔 아름다움이란 바로 이런 것이라며 감탄하였지요.

조탑동 마을 회관 앞에 차를 세우고 먼저 마을 도로변에 자리한 교회를 들렀습니다. 종탑 아래 권정생 선생의 삶의 태도를 극명하게 보여주는 나무판자가 설치되어 있었습니다. "새벽 종소리는/가난하고 소외받고 아픈 이가 듣고/벌레며 길가에 구르는 돌멩이도 듣고 있는데/어떻게 따듯한 손으로 칠 수 있어…" 라는 글귀가 새겨져 있었습니다. 권정생 선생이 일직교회 문간방에서 종지기 생활을 하고 있을 때 일화라는데요. 추운 겨울날 종을 칠 때 끼고 치라고 목장갑을 사다 주었다는데요. 그는 "새벽 4시 한 번도 이 장갑을 끼지 않고 맨손으로 서리가 서걱거리는 줄을 잡고 새벽종을 쳤다"고 합니다. 나는 그 글귀를 읽으며 한동안 발걸음을 떼어놓지 못한 채 교회 철탑에 매달려 그가 맨손으로 쳤다는 새벽 종소리를 가슴으로 뜨겁게 들었습니다.

교회에서 빠져나와 구불거리는 돌담길을 따라 얼마를 더 걸어가니 거기 '권정생 선생 살던 집'의 안내판이 있었습니다. 빌뱅이 언덕의 8평짜리 흙집은 1983년 그가 46세 되던 해 동네 청년들이 지어주었다 합니다. 이사 이후 권정생 선생은 이오덕 선생에게 "따뜻하고, 조용하고, 그리고 마음대로 외로울 수가 있고, 아플 수 있고, 생각에 젖을 수 있어" 참 좋다는 편지를 썼다지요. 그러나 그 집에는 지금 아무도 살고 있지 않습니다. 두꺼비집의 차단기는 내려져 있고, 자물통이 채워진 채 구멍이 숭숭 뚫린 창호지 문으로 바람만이 드나들고, 주인 없는 집을 앞마당의 모과나무, 개나리가 혹한을 견디며 지켜줄 뿐이었습니다. 그리고 누군가 놓고 간 나무 책상 위의 조화가 초라하고 쓸쓸하게 보였습니다만 개집, 다라이 등 주인의 흔적이 고스란히 묻어 있는 살림살이가 소박하지만 정겨웠습니다.

"네가 거름이 되어 줘야 한단다."
강아지똥은 화들짝 놀랐습니다.
"내가 거름이 되다니?"
"너의 몸뚱이를 고스란히 녹여 내 몸속으로 들어와야 해. 그래서 예쁜 꽃을 피게 하는 것은 바로 네가 하는 거야."
강아지똥은 가슴이 울렁거려 끝까지 들을 수가 없었습니다.
'아, 과연 나는 별이 될 수 있구나!'
그러고는 벅차오르는 기쁨에 그만 민들레 싹을 꼬옥 껴안아 버렸습니다.
—「강아지똥」(『오물덩이처럼 딩굴면서』, 종로서적, 1986) 부분

권정생 선생의 모든 작품은 그의 삶이 그러하듯 공동체 정신에 기반을 두고

있습니다. 가난하고 소외된 삶, 보잘것없고 하찮은 것들끼리 한 몸을 이루어 따듯한 세상을 이루는 정신, 바로 권정생 선생의 철학인데요. 「강아지똥」도 예외는 아닙니다. 자신은 더럽고 추한 존재이지만 누군가에게 더없는 기쁨과 희망을 노래하고 있으니까요. "하나님은 쓸데없는 물건은 하나도 만들지 않"는 것처럼 비록 자신은 병들어 아프고 고단한 삶의 연속이지만 「강아지똥」을 비롯한 많은 작품 속에서 우리에게 언제나 봄날처럼 맑고 향기로운 희망과 기쁨을 선사합니다. 그래서 "민들레는 한 송이 아름다운 꽃을 피"워 "향긋한 바람을 타고 퍼져나"가는 것이겠지요. "강아지똥의 눈물겨운 사랑"이 바로 선생님 자신입니다.

권정생 선생은 무소유 삶의 실천자입니다. 남들처럼 호의호식 않으며 오로지 어린이들을 위한 글을 썼습니다. 그의 유언장은 이 땅의 어떤 종교 지도자보다 더 숭고하고 고귀한 말씀이 되고 있는데요. 죽어서도 또 하나의 사랑과 희망을 키워 참다운 세상이 올 때까지 영원할 것이기 때문입니다. 바로 '권정생어린이문화재단'이 그것으로 평양 어린이 사과농장 조성, 북한 온성군 급식 지원, 북한 결핵 환자 돕기, 북한에 우유 보내기, 소외지역 공부방 도서지원 등의 사업이 그것입니다.

권정생 선생의 "인세 수입은 북녘 어린이 등을 위해 써 달라"는 유언이 지난해 무산되는 위기를 맞기도 하였습니다. 권정생어린이문화재단에 따르면 재단 측이 중점 지원 대상으로 삼았던 '북녘 어린이를 위한 사과나무 심기 사업'은 2009년 단 한 차례 2천만 원을 보낸 이후 정부의 불허 방침으로 아무런 성과를 내지 못하는 실정이라고 합니다. 그뿐만 아니라 2010년 9월부터 시작된 북한 유치원 급식 돕기, 북한 영유아들에게 우유를 보내는 사업을 실천으로 옮기기 위해 노력하고 있지만 북한의 연평도 포격 등 정치적인 변수 탓에 관련 사업이 일시 중단되는 사태를 맞기도 하였다지요. 그래도 권정생어린이문화재단 측은 북한의 결핵 환자를 돕기 위해 정기적으로 방북하는 미국 유진벨 재단 측에 매년 1천500만 원을 지원하는 일을 꾸준히 할 수 있다는 것을 위안으로 삼고 있답니다. 안상학 권정생어린이문화재단 사무처장은 "인세는 어린이로 인해 생긴 것이니 그들에게 돌려줘야 한다며, 굶주린 북녘 어린이들을 비롯해 아시아, 아프리카의 굶주린 아이들을 위해 써달라시던 권정생 선생의 뜻을 제대로 받들지 못해 안타까울 따름"이라고 전합니다. 아무튼 어떤 이유로든 어른들로 인해 어린이가 피해를 당해서는 안 되겠지요. 현 정부가 「강아지똥」이나 「하나님의 눈물」 등을 정치적 잣대가 아닌 가슴으로 읽어내 선생님의 고귀한 뜻이 올해는 꼭 이루어지길 바랍니다.

권정생 선생이 살던 집을 나와 이육사문학관으로 향했습니다. 이번 이육사문학관 방문은 이육사 문학의 발자취를 찾아 읽기보다는 친구인 이위발 시인을 보고 싶었기 때문입니다. 한때 그와 가까이 지내던 시절이 있었습니다. 내가 낙향한 이후 어떤 연유에서인지 잘 모르지만 이 시인도 안동으로 낙향하였는데요. 동병상련이라고나 할까요. 그의 안부가 무척 궁금하였습니다. 서로 만나자 통화는 자주 하였지만 10여 년 내왕하지 못한 탓에 그가 더욱 보고 싶었습니다.

이육사문학관에 들러 우리는 뜨거운 포옹을 나누었습니다. 그리고 이육사 생애가 담긴 영상물을 본 후 담소를 나누었습니다. 그리고 갈 길이 멀어 재회를 약속한 후 발길을 돌리려 했습니다. 그러면 서운해서 안 되고 저녁은 먹고 가야 한다고 잡는 바람에 가까운 식당에 들렀습니다. 운전 탓에 그가 권하는 술 한 잔도 나누지 못한 채 헤어져야 했는데요. 짧은 시간이었지만 권정생과 이육사 문학을 이야기하며 어떻게 사는 것이 진정한 아름다움인지 새기는 가

슴 벅찬 시간이었습니다

안동을 벗어나면서 권정생 선생이 작성한 2005년 5월 1일 유언장을 떠올려 보았습니다. 다음 생에도 "얼간이 같은 폭군 지도자가 있을 테고 여전히 전쟁을 할지 모"릅니다. 그렇다고 선생께서 "환생을 생각해봐서 그만"둔다는 생각을 하지 마시고 "건강한 남자로 태어나" "22살이나 23살쯤 되는 아가씨와 연애를" 꼭 하기를, 그리고 "벌벌 떨지 않는" 아름다운 삶을 영원히 누리시길 빌었습니다.

하루 훌쩍 다녀온 안동의 겨울 해는 짧았지만 "맨손으로 서리가 서걱거리는 줄을 잡고 새벽종을 쳤"던 권정생 선생의 실천적 삶의 정신은 세상을 깨우는 새벽 종소리로 오래오래 남을 것입니다.

얼씨구, 지화자, 좋다

　비 소식을 들었습니다. 남부지방은 물론 중부, 경기, 서울, 강원 영동지역까지 천둥 번개를 동반한 많은 비가 내릴 거라 했습니다. 지독한 가뭄이었습니다. 늦은 봄부터 여직 비다운 비가 내리지 않았으니까요. 천태산 계곡도 말라붙은 지 오래되었습니다. 여기저기 극심한 가뭄으로 맘고생이 심했던 사람들이 해방될 테니 그야말로 단비입니다.

　비가 오는 날, 특히 천둥 번개를 동반한 비가 내릴 때면 여지없이 여여산방을 비웁니다. 낙뢰 피해가 예상되기 때문에 컴퓨터를 비롯한 전자 제품의 전원을 내려놓고 바깥세상으로 나옵니다.

　며칠 전 하동 악양에 내려가 있는 김용길 시인의 전화가 있었습니다. 시간 나면 지리산 선녀를 보러 내려오라는 거였습니다. 쇠뿔도 단김에 빼랬다고 주저 없이 여여산방을 나섰습니다. 이원규 시인도 화개로 이사를 했다는데 들러보고 싶었고요. 겸사겸사 가벼운 마음으로 지리산으로 향했습니다.

　이원규 시인과는 오래전부터 인연을 같이하여 오늘에 이르고 있습니다. 우리가 처음 만난 것은 1989년 말 민족문학작가회의에서였습니다. 그때 그는 흰 고무신에 우리 옷을 입고 있어 퍽 인상적이었습니다. 그 이후 그는 작가회의 총무간사로 일하게 되었는데요. 나는 민예총에 총무국장으로 적을 두고 있었으니 이런저런 일들로 하루가 멀다하고 만나게 되었지요.

그 이후 이원규 시인은 중앙일보 시사월간 『WIN』 기자로 활동하다 어느 날 종적을 감추었습니다. 1998년, 그가 신동엽창작기금 수혜자로 시상식이 끝나고 축하하는 자리 이후입니다. 나중에 알게 되었지만 그는 지리산으로 들어갔습니다. 나도 그 무렵 (주)실천문학을 그만두고 낙향을 고민하다 그 이듬해 영동으로 내려왔지요.

이원규 시인은 어떤 심사로 서울을 떠나 지리산으로 들었는지 잘 알지 못합니다. 그러나 나는 그가 서울 생활을 청산하고 지리산에 들길 잘했다고 생각하는 사람 중 하나입니다. 거기서 그는 새로운 삶의 자리, 자연, 생명, 평화를 노래하는 시인으로 거듭나고 있으니까요.

여여산방을 나서기 전 먼저 김용길 시인한테 전화를 넣었습니다. 그는 진주에 있었습니다. 내가 도착하는 시간에 맞춰 화개장터에서 기다리겠다고 했습니다.

지리산으로 가는 무주 지나 장수, 남원, 구례 할 것 없이 묵은 밭에는 개망초가 숲을 이루고 있었습니다. 농촌에 사람이 없으니 묵는 밭이 늘어만 가고, "우리의 슬픔을 아는 건 우리뿐"이라는 듯 개망초가 농민의 설움과 아픔을 대변하는 듯 하얗게 흔들렸습니다.

남원을 지나 구례 산동 산수유마을을 지나면서 지리산과 섬진강이 눈앞에 펼쳐졌습니다. 구례, 하동 일대 섬진강은 그야말로 자연 그대로의 강물이 굽이쳐 흘러가고 있었습니다.

강물에 뛰어들어 멱 감고 싶단 생각을 할 때였습니다. 개발론자의 지리산

케이블카 설치가 떠올랐습니다. 만약에 그들의 주장대로 지리산에 케이블카가 설치된다면 어찌 될까요. 현재 지리산의 최고봉인 천왕봉의 생태계를 예전의 모습으로 되돌려야 한다는 취지 아래 천왕봉을 오르는 등산객에게 흙 한 봉지 담아 나르기를 하고 있다는데요.

무엇 때문에 그 고된 수고를 해야 하는 걸까요. 지리산을 찾는 연간 300만 명의 등산객 중 100만 명이 천왕봉에 오른다고 하니 쇳덩인들 어찌 견뎌내겠는지요. 그런데 거기에다 케이블카를 설치하여 뭘 어떻게 한다는 것인지 되묻지 않을 수 없습니다.

화개장터 도착하니 오후 3시가 좀 지났습니다. 주차장에 차를 대고 시장에 들어서니 바로 코앞의 주막집에서 김 시인이 막걸리를 마시고 있었습니다. 서로 간단한 인사를 나누고 비가 오기 전에 이원규 시인의 집을 향해 섬진강을 끼고 벚나무길을 달렸습니다.

얼마를 달렸을까요. 내비게이션이 데려다주는 갈림길에 들어서니 도로 옆 평상에 두 노인이 쉬고 있었습니다. "덕은리가 여기 맞나요?" 여쭸더니 "동리가 세 곳인데 어느 덕은리요?" 되물었습니다. 오토바이 타고 다니는 이원규 시인의 집을 찾는다 했더니, "이 골목으로 쑥 들어가 저 끝 집으로 걸어가면 돼요." 하며 자상하게 알려주었습니다. 그는 여기서도 '오토바이 시인'으로 통했습니다. 마을 회관 앞에 주차하고 돌담길을 따라 걸어 들어가니 주인은 출타 중이고, 개 세 마리가 반갑게 맞아주었는데요. 미리 이원규 시인에게 통보를 넣지 않고 찾았습니다. 오다가다 들러서 있으면 보는 것이고요. 애당초 여여산방을 떠나 지리산으로 향할 때 그가 집에 있을 거란 생각도 하지 않았지요. 이성아 소설가의 말처럼 그는 "바람의 아들"이니까요.

서울 생활 이후 다시 이원규 시인을 만난 것은 2000년 초 남원 지리산 자락에서였습니다. 방현석 소설가의 전화를 받고 한걸음에 달려갔는데요. 바로 실상사였지요. 그때 처음 수경 스님과 도법 스님을 뵈었습니다. 그런 인연으로 생명평화결사위원회의 탁발 시 모음집(『바다가 푸른 이유』, 시와에세이, 2006)을 발간하고, 그 이후 생명탁발순례도 참가하였습니다.

이원규 시인은 지리산에 든 이후 일곱 번 이사를 하였다고 합니다. "전남 구례의 피아골과 문수골과 섬진강변, 전북 남원의 실상사, 경남 함양의 칠선계곡 입구, 경남 하동의 화개장터 근처 마을"(『멀리 나는 새는 집이 따로 없다』(오픈하우스, 2011, 152쪽) 등으로, 스스로 "멀리 나는 새는 집이 따로 없"는 것처럼 길이 집이요, 집이 곧 길인 삶을 누리고 있습니다. 이원규 시인은 "모터사이클을 집으로 삼"아 "나는 집을 등에 지고 다니는 달팽이가 아니라 집을 타고 다니는 한량 처사가 되었"(같은 책, 152쪽)는 지도 모릅니다.

행여 지리산에 오시려거든
천왕봉 일출을 보러 오시라
삼 대째 내리 적선한 사람만 볼 수 있으니
아무나 오지 마시고
노고단 구름바다에 빠지려면
원추리 꽃무리에 흑심을 품지 않는
이슬의 눈으로 오시라

행여 반야봉 저녁노을을 품으려면
여인의 둔부를 스치는 유장한 바람으로 오고

피아골의 단풍을 만나려면
먼저 온몸이 달아오른 절정으로 오시라

굳이 지리산에 오려거든
불일폭포의 물 방망이를 맞으러
벌 받는 아이처럼 등짝 시퍼렇게 오고
벽소령의 눈 시린 달빛을 받으려면
뼈마저 부스러지는 회한으로 오시라

그래도 지리산에 오려거든
세석평전의 철쭉꽃 길을 따라
온몸 불사르는 혁명의 이름으로 오고
최후의 처녀림 칠선계곡에는
아무 죄도 없는 나무꾼으로만 오시라

진실로 진실로 지리산에 오려거든
섬진강 푸른 산 그림자 속으로
백사장의 모래알처럼 겸허하게 오고
연하봉의 벼랑과 고사목을 보려면
툭하면 자살을 꿈꾸는 이만 반성하러 오시라

그러나 굳이 지리산에 오고 싶다면
언제 어느 곳이든 아무렇게나 오시라

그대는 나날이 변덕스럽지만

지리산은 변하면서도 언제나 첫 마음이니

행여 견딜 만하다면 제발 오지 마시라

　　　―이원규, 「행여 지리산에 오시려거든」 전문(『옛 애인의 집』, 솔, 2003)

　이원규 시인은 지리산의 아들 이전에 바람의 아들입니다. 그는 "비가 오나 눈이 오나 뭐라 뭐라 하든 20년 이상 '기마족'처럼 모터사이클을 타왔"습니다. "그동안 14대의 바이크를 갈아타고 한반도 남쪽을 100만 킬로미터 이상 달렸으며", "3만 리를 걸"었으니, "안 가본 곳이 없는 '인간 내비게이션' 수준"(같은 책, 24쪽)이라 자처하는 것도 자랑은 아니겠지요.

　이원규 시인의 지리산과 관련된 많은 시편 가운데 나는 「행여 지리산에 오시려거든」을 가장 좋아합니다. 산을 살아보지 않고서는 감히 흉내 낼 수 없는 시편이기 때문입니다. 그뿐만 아니라 시적 내용이 크고 넓고 높아서 그 자체로 지리산을 보는 것과 같으며, 시적 외형이 유려한 것이 지리산을 감싸고 흐르는 섬진강을 따라가고 있기 때문입니다. 나는 내 방식대로 이 시를 노래로 부를 때가 많은데요. 굳이 가수 안치환 노래를 흉내 내지 않아도 아름다운 선율이 되는 연유가 여기 있습니다.

　이원규 시인은 섬진강과 벚꽃길이 훤히 내려다보이는 지리산 자락 화개에서 '얼씨구, 지화자, 좋다' 하고 살고 있습니다. 그가 손수 지어 주었다는 '얼씨구, 지화자, 좋다' 세 마리 개도 굳이 이름을 빌리지 않더라도 컹컹 '얼씨구, 지화자, 좋다' 행복하니, 지리산과 섬진강이 어찌 푸르지 않겠는지요. 아니 지리산과 섬진강이 수수만년 자연 그대로 푸르러 온 것처럼 그곳에 사는 사람과 동식물도 함께 어우러져 더욱 푸르러졌겠지요.

살아가면서 많은 사람을 만나고 또 헤어집니다. 십 년, 이십 년 만나도 어제 만난 사람처럼 반갑고, 만난 지 얼마 되지 않았지만 아주 오래전부터 만난 사람처럼 기쁜 사람도 있습니다.

이른 아침 천둥 번개를 동반한 폭우로 잠을 깼습니다. 아침 식사를 하기 위해 비가 그치기를 기다렸으나 그칠 비가 아니었습니다. 우산을 받쳐 들고 빗속을 달려 장어탕으로 속을 풀고 길을 나섰습니다. 지리산과 섬진강을 달려 짧은 시간이었지만 가뭄 끝의 빗줄기만큼이나 시원한 여행이 되었습니다. 한 가지 아쉬운 점이 있다면 평사리문학관 관장 최영욱 시인, 이병주문학관에 삶터를 두고 있는 유홍준 시인 등을 비껴 지나온 것입니다. 하지만 더러는 만나고 보고 듣는 것도 그냥 그대로 두고 와야 그리운 여유가 생기는지도 모릅니다.

지리산과 섬진강을 뒤로하고 집으로 돌아오는 길, '얼씨구, 지화자, 좋다' 한 걸음에 천태산에 닿았습니다. 천태산도 덩달아 '얼씨구, 지화자, 좋다' 콸콸 계곡을 흐르는 물소리가 여여하였습니다.

말랑말랑한 시를 찾아서

 찬바람 일렁이는 1월 중순 아침 강화도 문학기행을 나서기 위해 눈길을 헤치고 영동역으로 갔습니다. 눈길 닿는 곳마다 세상은 온통 새하얀 눈으로 가득 덮여 있었습니다. 그리고 발 딛는 곳마다 빙판이었지요. 열차에 몸을 싣고 서울 가는 2시간여 동안 마치 눈 나라 공화국의 한 시민처럼 느껴졌는데요. 올겨울은 참으로 많은 눈이 내립니다.
 서울에서 강화도로 가는 동안 마을과 들과 산도 새하얀 눈으로 수북했습니다. 강화도 가는 길이 오랜만이어서 그런지 낯설었습니다. 아마도 눈 때문에 더욱 그랬을 것입니다.
 권위상 시인의 차로 한참을 달려 양촌과 월곶을 지나면서야 예전의 풍경이 조금씩 한눈에 들어왔습니다. 고려궁지에서 일행들과 만나기로 했는데 시간이 넉넉하여 보구곶리 홍선웅 판화공방에 들렀다 가도 될 것 같아 형에게 전화를 넣었습니다. 홍선웅 판화가는 1989년 민예총에서 함께 생활했던 선배로 강화도를 마주하는 김포의 끝자락 문수산 아래 작업실을 두고 있습니다. 형은 전화를 받자마자 어디냐 물으시곤, 차라도 하고 가라며 반갑게 맞아주었습니다.

　서울 생활을 정리하고 낙향하기 전 여러 번 강화도를 다녀왔습니다. 강화도 갈 때마다 홍선웅 판화가의 작업실을 들렀는데요. 그와 함께 전등사, 정수사, 초지진, 동막 등을 여행하면서 강화의 역사와 문화에 대해 공부할 기회를 얻었습니다. 이번 짧은 만남 속에서도 형은 그동안 작업했던 판화며, 소장하고 있는 서적 중 표지가 판화로 되어 있는 시집 등을 보여주며 판화가 갖는 의미를 일깨워주었는데요. 한국현대문학사의 한 페이지를 장식하고 있는 최석두 시인의 시집 『새벽길』(조선사, 1948), 이기영 소설가의 『광산촌』(성문당서점, 1944) 등이 그것입니다. 형의 표지 작품 중 조정래 『태백산맥』 표지 판화 역시 그 연장선이 아니었을까요. 내가 '(주)실천문학'을 그만두고 낙향할 때 가장 아쉬워하던 선배 중 한 분으로 소식이라도 자주 주고받자며 손전화를 사 주기도 하였는데요. 지금 쓰고 있는 손전화 번호가 바로 그것입니다.

사적 제133호로 지정된 고려궁지는 고려 시대 대몽항쟁을 위해 도읍을 개성에서 강화로 옮겨(고종 19년, 1232) 다시 환도(원종 11년, 1270)하기까지 38년간 사용되었던 궁궐터입니다. 『고려사절요』에 의하면, 최우(崔瑀)는 이령군(二領軍)을 동원하여 이곳에 궁궐을 지었다고 기록되었고, 비록 규모는 작았으나 송도 궁궐과 비슷하게 만들고, 궁궐의 뒷산 이름도 송악(松岳)이라 하였다는데요. 강화도에는 정궁(正宮) 이외에도 행궁(行宮)·이궁(離宮)·가궐(假闕) 등 많은 궁궐이 있었다고 전합니다. 조선 시대에는 행궁과 강화 유수부 건물이 들어섰고 왕실 관련 서적을 보관했던 외규장각도 있었는데요. 병인양요 때 프랑스군의 방화로 소실되었으며, 서적 등은 모두 약탈되었다고 합니다. 지금은 강화 유수부의 동헌과 이방청이 남아 있을 뿐이지만 강화도는 그만큼 군사적으로 중요한 요충지임을 다시 확인할 수 있었습니다.

일행들과 고려궁지를 두루 돌아본 후 다음 탐방지인 평화전망대로 향했습니다. 차로 15분 남짓 달려 북쪽으로 들어서자 민통선 안내판과 함께 해병대 제11검문소가 나타났습니다. 유영갑 소설가가 차에서 내려 절차를 밟고 나서야 다시 출발할 수 있었는데요. 시간이 늦어 관람 불가라 차량 통행이 안 된다는 걸 그는 '이대로 물러서는 것은 문학인의 자세가 아니다. 내가 강화 주민인 것을 강조하며 지인을 만나러 간다.'고 현지 주민으로서 떼를 쓰자 그때서야 마지못해 차량 통행을 허락하였답니다.

강화도는 서북 해안의 최북단입니다. 한강과 임진강 그리고 예성강의 강물이 모여 바다로 흘러 들어가는 곳이지요. 날씨가 좋은 날이면 멀리 개성의 송악산이 한눈에 펼쳐진다는데요. 유영갑 소설가에 의하면 강화도엔 오전에 눈이 조금 뿌려졌고, 지금은 날이 흐려서 북녘땅을 보여주지 못해 송구하다며 연방 미안함을 표했습니다. 강 따라 길게 설치된 검은 철책선만 바라보며 아쉬움을 달래야 했습니다. 평화전망대 앞에서 기념사진 촬영만이라도 할 수 있던 것이 그나마 큰 행운이라 여겼습니다.

망월돈대로 가는 중 차 안에서 함민복 시인에게 전화를 넣었습니다. 지금 평화전망대에서 망월돈대로 가고 있는 중이라 했더니, "성님도, 강화도 들어왔으면 바로 연락주시야지… 송악산 못 봤지유."

그는 오전 11시부터 외포리 숙소에서 우리를 기다리는 중이라 했습니다. 미리 연락하여 고려궁지부터 함께했으면 좋았을 것을, 숙소에서 만난다는 생각만 한 게 후회스러웠습니다. 그를 빨리 보고 싶다는 생각에 유영갑 소설가에게 "망월돈대 들르고 외포까지 얼마나 걸리는가요?" 물었더니 '바로'라고 답했습니다.

망월돈대로 가는 길은 쌓인 눈이 그대로 얼어붙어 매우 미끄러웠습니다. 이 상태로 차를 몰고 가는 것이 좀 위험하지 않을까 걱정도 되었지만 그것은 기우에 불과하였습니다. 평소 볼 수 없던 넓은 평야의 설정이 보여주는 또 다른 풍경에 흠뻑 빠졌기 때문입니다. 망월평야는 바다를 매립하여 조성된 것이라 하는데요. 논 한가운데를 가로질러 한참을 달리고서야 망월돈대에 도착할 수 있었으니 얼마나 넓은지 가늠할 수 있겠지요. 그때 붉은 해가 바다로 떨어지고 있었습니다. 강화도를 여러 번 찾았지만 이번처럼 아름다운 해넘이를 본 것은 처음이라 감동이 컸습니다.

망월돈대에서 외포리로 가는 길가의 나무들이 하얀 눈꽃을 피우고 있었습니다. 유영갑 소설가는 저 풍경을 찍기 위해 전국에서 많은 사진 애호가들이 찾는다며, 강화도가 보여줄 수 있는 진경을 한꺼번에 모두 연출하고 있다고 마냥 싱글벙글이었습니다. 설국 속의 눈꽃(상고대) 풍경 속에 함민복 시인의 얼굴이 환하게 겹쳐졌습니다.

함민복 시인이 오전 11시부터 기다렸다는 숙소에 짐을 풀고 저녁 식사를 하기 위해 그와 함께 외포리 포구로 나갔습니다. 그는 오랜 시간 기다리는 동안 무료함을 달래기 위해 막걸리를 한잔했는지 얼굴이 불콰했는데요.

"성님 강화도에 왔으니 숭어를 맛봐야 하지 않겠어요."

여기저기 식당에 전화를 넣었지만 불발이었습니다. 한강과 임진강에서 떠내려온 얼음 조각으로 며칠째 배가 바다로 나가지 못했기 때문인데요. "숭어를 지고 뻘길 십 리 길 걸어나와/온몸이 땀범벅이 된 채 곳뿌리 끝에 서서/담배 한 대 물고 걸어나온 길 쳐다보면서/더 지고 나오지 못한 것을 후회도 했다는데" 그의 시 「어민 후계자 함현수」가 생각났습니다.

강화 바다가 갯벌을 끌어안고 말랑말랑한 생명을 키우듯 함민복 시인 역시 강화도에 살면서 '말랑말랑'한 시를 쓰고 있습니다. 그것은 '뻘'이며, 그 살 속을 넘나드는 원시의 온갖 생명입니다. 어디 그뿐이겠습니까. 바다를 유영하는 '숭어'이고 '망둥이'며 또 많은 물고기겠지요. 나는 함민복 시인을 만날 때마다 이원규 시인이 지리산으로 들어간 것처럼 그가 강화도에 기대어 사는 게 참 잘된 일이라 여겼습니다.

외포리 식당에서 함민복 시인의 아내 박영숙 씨도 합류하였습니다. 닭이 인삼과 함께 삶아지고 뜨끈한 자리가 마련되었습니다. 술이 돌고 노래와 시가 익어갈 무렵 이문재 시인을 만났습니다. 그는 근처 문학 행사에 초청 인사로 참여했다가 우리와 합류하게 되었는데요. 어디서 구했는지 숭어 세 접시를 선사했습니다. 닭과 숭어가 어우러지는 안주로 밤이 깊어가는 줄 모르고 술이 돌고 돌아 대취해 있을 무렵 함민복 시인이 갑자기 한마디 던졌습니다.

"저기 저 스님은 누구래요?"

"고철이잖아요. 고철 스님."

모두가 한소리로 답하자

"앗!『핏줄』의 고철 시인이구나."

모두 박장대소하는데, 함 시인은 멋쩍은 듯 빙그레 웃음을 지었습니다. 그의 모습에 우리는 또 한 번 흐뭇하게 웃을 수 있었습니다.

이른 아침 맛난 닭죽으로 아침 식사를 한 후 이문재 시인을 찾아 어제 고마웠다고 인사를 전하고 정수사로 행했습니다.

정수사는 서해가 내려다보이는 고즈넉한 절입니다. 초입의 상사화 군락지로도 유명하지만 가을 단풍 또한 일품이지요. 부처님께 참배한 후 기념사진도 찍고, 옛 추억을 호명하면서 한참을 서성였습니다.

정수사에서 내려와 아름다운 해안도로를 따라 바로 초지대교 인근 '길상이네인삼가게'로 갔습니다. 함민복 시인이 인삼센터 앞의 의자에 앉아 기다리고 있는 모습이 멀리서도 보였습니다. 전날 숙소에서 기다리던 그의 해맑은 모습을 여기서 다시 읽을 수 있었습니다. '길상이네인삼가게'는 그가 결혼하고부터 아내와 함께 운영하고 있는데요. '길상'이는 함민복 시인이 한때 가족의 일환으로 생활했던 강아지의 이름에서 연유된다는 사실을 인삼가게에서 알게 되었습니다. 그가 강화에 와 얻게 된 강아지의 이름이 '길상이' 였다는데요. 그때 개의 이름을 가져와 지금의 인삼가게 상호가 되었다고 하네요. 그런데 가게가 소재한 지역이 길상면이라서 "길상아!" 부르는 게 지역주민들에게 송구해서 '길상이'를 '길 군'으로 높여 부르기도 했다는데요. 그는 아직도 그 개를 잊지 못한답니다. 한 시간여 동안 그가 내준 홍삼액을 먹으며 환담을 나눈 후 광성보로 향했습니다.

고려가 강화도로 왕궁을 옮긴 후 1233년부터 1270년까지 많은 외성을 만들었다고 전하고 있습니다. 이 성은 그때 해안선을 따라 흙과 돌로 쌓아졌는데요. 그 규모가 매우 커보였습니다. 1871년(고종 8) 신미양요 때 미군과 가장 치열한 격전지로 중군(中軍) 어재연(魚在淵) 이하 전 장병이 이곳에서 순국하였답니다. 이때 성첩과 문루가 파괴된 것을 1976년에 복원하고 당시 전사한 무명용사들의 무덤과 어재연의 쌍충비각(雙忠碑閣)을 보수, 정비하였다지요.

그만큼 광성보가 차지하는 군사적 의미가 크다고 할 수 있습니다. 이곳에는 안해루를 비롯 많은 유적지가 산재해 있답니다.

  박광숙 소설가에게 오후 1시 이후에 찾아뵙겠다고 전했습니다. 그런데 시간을 당겨 점심시간 전에 찾았습니다. 박광숙(고 김남주 시인 부인) 소설가는 남민전(남조선민족해방전선)에 가입하여 유신반대운동을 펴다가 1979년 구속된 바 있습니다. 그로 인해 교사로 있던 서울 명성여중에서 해직되었습니다. 그는 출감한 후 고 김남주 시인의 옥바라지뿐만 아니라 시인이 감옥에서 휴지, 은박지, 우유팩에다 쓴 시를 세상에 전했는데 『진혼가』 등의 시집이 그것입니다. 서울 생활 때 고 김남주 시인과 함께했던 소중한 시간을 되돌아보면서 발길을 돌리며 눈시울을 적셨습니다. 아직도 그가 꿈꾸던 참다운 세상은 어디에도 찾아볼 수 없으니 어찌 슬프지 않겠는지요.

  강화도를 빠져나와 마송에서 점심 식사를 하고 일행들과 아쉬운 작별을 하였습니다. 눈길 속에 펼쳐진 강화도 문학기행은 사람살이의 소중한 정을 다시 일깨워주는 데 부족함이 없었습니다. 또한 자연과 함께하면서 사람과 사람과의 아름다운 소통을 통한 따뜻한 문학의 연대였는데요. 그것은 '말랑말랑한 힘'에서 비롯된다는 것을 잘 보여주었습니다.

풀섬에는 시인의 집이 있다

처음 바다를 본 건 중학교 2학년 수학여행 때였습니다. 대구 달성공원에서 점심을 먹고 경주에서 1박 2일 여행을 마친 후 늦은 저녁 부산역 근처 여관에 도착하였는데요.

바다가 없는 충청도 내륙에서 자란 나는 바다가 있는 도시에 왔다는 것만으로도 큰 행운이고 기쁨이었습니다. 그날 밤새 잠을 이루지 못하고 뒤척이다 새벽녘에 잠깐 잠들었는데 꿈속에서도 철썩거리는 파도 소리를 들었습니다.

해운대에 도착하자마자 넓은 백사장을 거닐기보다 먼저 바닷물이 짠가 맛봤습니다. 소금이 짜다는 걸 삼척동자도 다 아는 사실이지만 직접 바닷물이 짠가 확인해보고 싶었기 때문입니다. 해운대 바닷물은 그야말로 큰 소금창고였습니다. 그 바닷물로 다 소금을 만들면 어머어마한 부자가 될 거 같다는 어처구니없는 상상도 해보았습니다. 그 이후 해운대를 자주 가게 되었는데요. 살아가는 동안 내 속에 소금이 필요할 때면 한걸음에 부산 해운대를 찾았습니다. 구도의 삶을 살고자 한때 금정산 범어사를 마음에 두었던 연유도 거기에 있습니다.

여행하면서 자주 들르는 곳 중에 바다가 있었습니다. 그러나 좀처럼 섬에 갈 기회는 별로 없었습니다. 물론 서울 생활 때 자주 드나들었던 강화도가 있었지만 섬이라 여기지 않았습니다. 섬은 비행기나 자동차 말고 배를 타고 가야 한다는 고정관념이 내 속에 자리한 탓이 크겠지요. 아무튼 배를 타고 섬에 간 것은 고향의 박운식 시인과 충북 문학기행 일환으로 기획된 보길도를 찾은 게 처음일 것 같습니다.

초도(草島)를 같이 여행하자 제안한 사람은 여수의 김진수 시인이었습니다. 그는 오래전부터 여수시 섬마을 체험 일환으로 '주말에 만나는 섬마을 사람들'을 진행하고 있었는데요. 이번 기행은 글 쓰는 문인들로만 팀이 꾸려진다는 전화를 받았습니다. 그리고 올 때 시에문학회 회원 몇 명 동행해서 내려오라는 거였습니다. 어찌할까 고민할 틈도 없이 다시 김진수 시인한테 전화가 왔습니다. 여객선 예약 때문에 빨리 참가 명단을 달라는 거였습니다. 아직 '천태산 은행나무 걸개 시화전'이 끝나지 않았지만 잠시 초도를 다녀오기로 하였습니다.

초도로 가는 첫 여객선이 오전 7시에 출항하니 전날 여수에 가야 했습니다. 화개장터에서 김용길 시인을 태우고 여수에 도착하니 해가 뉘엿뉘엿 지고 있었는데요. 남도는 아직도 늦가을의 단풍이 형형색색 아름다운 자태를 뽐내고 있었습니다.

여수는 미항답게 먹을거리도 아름답다는 고장입니다. 여수에 가면 요즘 서대회가 제철이니 무조건 이 회를 맛보고 오라는 가까운 지인의 귀띔이 있었는데요. 김진수 시인은 내 마음을 헤아린 듯 서대회로 유명하다는 식당으로 안내하였습니다. 서대회가 무슨 맛인 줄 모르고 소주를 곁들여 배를 불린 후 다음 날 초도행을 위해 숙소로 들었습니다. 집 나온 시인들이 그냥 고분하게 잠잘 리가 없겠지요. 가까운 포장마차 들러 딱 한 잔만 한다는 게 그만 늦은 시간까지 미주에 빠지고 말았는데요. 보도 듣지도 못한 바다 생선으로 입이 즐거웠습니다. 역시 여수는 미항이기 앞서 주(酒)항입니다. 여수를 갈 때마다 술독에 빠지니 어찌 여수를 주항이라 하지 않을 수 있을까요.

이른 아침인데도 섬으로 들어가기 위해 배를 기다리는 사람들로 대합실이 북적댔습니다. 그 가운데 '주말에 만나는 섬마을' 팀도 함께하였는데요. 멀리

풀섬에는 시인의 집이 있다

인천에서 밤 기차로 내려온 최종천 시인도 보였고요. 아주 오랜만에 김용만 시인도 만날 수 있었습니다. 김용만 형은 구로노동자문학회 활동을 할 때 서울에서 가끔 만났는데요. 아주 오랜만에 만나니 그간 부산 생활을 전하면서 고향으로 돌아가 어머님을 모시고 사는 게 소원이라 했습니다.

초도로 가는 바다 위에는 많은 섬들이 떠 있었습니다. 모두 하나같이 그리움을 꼬옥 안고 누군가를 기다리는 석상 같았습니다. 배는 2시간 가까이 거친 바다를 헤엄쳐 초도에 닿았습니다.

지북산 몰랑에 뻐꾸기 울면
산비둘기 구구대는 장사슴목골
달랑 한 마지기 옹사리밭에
아부지는 들컹들컹 쟁기질하고
어무니는 쪼락쪼락 풋콩을 딴다

가다 한 모금
또 가다가 한 모금
출랑출랑 줄어가는 막걸리 심부름
한 쪽박 샘물로 덧채우던 아이가
아지랑 묏등 앞에 발갛게 엎드렸네

한 사발 거뜬 비우신 아부지
"오늘 막걸리는 왜 이리 싱겁다냐?"
그 소 웃음소리 지금도 들리네

—김진수, 「풀섬 아이」 전문(『시평』, 2007)

초도(草島)는 조도(鳥島)라고 불리기도 한답니다. 여수에서 남서쪽으로 77킬로미터, 거문도(巨文島)에서 북쪽으로 18킬로미터 해상에 있는데요. 주변에는 솔거섬·안목섬·말섬 등의 작은 섬들과 손죽도(巽竹島)·평도(平島)·광도(廣島) 등의 큰 섬들이 둘러 있다고 합니다. 본래 이 섬은 전라좌수영(全羅左水營)에 속했으나 1895년 돌산군 삼산면에, 1914년 여수군에 편입되었답니다. 그리고 1949년 여수군이 여수시로 승격됨에 따라 초도는 여천군으로 이관되었고, 1998년 여천군이 여수시로 통합되면서 여수시 삼산면에 되었다고 하네요. 초도 주위는 삼십 리이고, 읍포(邑浦:대동)·이성(利成:의성)·진막(鎭幕:진막)의 세 마을로 이루어져 있었는데요. 현재 500여 명의 주민이 살고 있답니다.

우리가 머문 곳은 섬 중앙의 상산봉(上山峰:338.7m)을 바라보고 동서·남쪽으로 작은 곶(串)이 뻗고, 그사이에 작은 만(灣)이 이루어진 북서 해안에 위치한 대동(大洞)이라는 마을이었습니다. 이 마을은 김진수 시인이 태어나 태를 묻은 곳으로 마을 회관 앞에 그의 생가가 반듯하게 서 있었습니다.

김진수 시인은 스스로를 모진 바람과 거친 파도만이 몰아치는 척박한 자연환경 속에서 자랐다고 토로합니다. 그래서 저 바다 너머 육지를 한없이 동경하며 살았다는데요. 이곳에서 중학교를 졸업하고 고등학교 진학 이후 줄곧 도시 생활을 해오고 있습니다. 그렇지만 여전히 김진수 시인은 갯바람 소리가 정겨운 섬사람처럼 보입니다.

김진수 시인은 그동안 도시 생활을 따라잡지 못해 많은 어려움을 겪었다고 합니다. 거기다가 몇 번의 사업 실패로 부모님께서 피땀 흘려 손수 일구어 놓은 전답까지 팔아야 했다는데요. 더욱이 생가까지 경매당하고 다시 찾는 지난한 과정을 설명할 때 그의 눈시울은 이미 붉어져 있었습니다. 집안의 오래된 밀감나무는 황금빛 열매를 여실히 키우고 있었는데요. 아마도 이 밀감나무가 김진수 시인 삶의 내력을 스스로 환하게 밝히고 있는 것처럼 우리를 반기고 있었습니다.

여행하면서 뭐니 뭐니 해도 그 지역 음식을 맛보는 게 젤로 좋습니다. 마을 회관에 준비된 음식은 모두 초도에서 생산되는 것이라니 그야말로 초도만의 전통적인 식문화를 제대로 맛볼 기회를 누리는 거지요. 음식보다 더 고향 사람들의 훈훈한 정을 나눌 수 있는 게 무엇이 있을까요. 여러 해산물 가운데 가장 입맛을 돋우는 건 당연 쏨뱅이국이었습니다. 생전 처음 대하는 음식인데도 이만한 음식이 또 어디에 있을까 싶었습니다.

점심 식사를 마치고 김진수 시인과 함께 대동마을을 돌아봤습니다. 마을 회관을 지나 골목 초입에는 일반음식점 간판이 걸려 있고, 좀 더 들어가니 슈퍼와 연쇄점이 이웃하여 문을 열고 있었습니다.

초도의 집들은 대부분 지붕이 아주 낮았습니다. 집을 에워싸고 있는 돌담이 지붕 높이와 같았은데요. 거기다가 지붕에 줄을 치고 돌을 매달아 놓은 집들이 많았습니다. 거친 바닷바람에 온전하게 집을 지키기 위한 지혜겠지요.

김진수 시인의 마을 자랑은 이만저만이 아니었습니다. 대동마을은 물이 풍부해 보리·콩·고구마 등의 농사가 잘되었다고 합니다. 그리고 가까운 바다는 수산 자원이 풍부해 멸치·갈치·고등어·민어·넙치·쥐치·문어·낙지 등이 많이 잡혔을 뿐만 아니라 김·미역·톳·청각·우뭇가사리 등의 해초 등도 많아 비교적 풍요로운 삶을 누렸다고 하네요. 그중 특산물로 전복을 뽑았습니다.

초도는 교육열이 대단히 높았다고 합니다. 대부분 이 동네 어른들은 자식이 중학교를 졸업하면 도회지로 유학 보내는 걸 당연하게 여겼다는데요. 더러는 초등학교 때 아예 여수나 광주, 심지어는 서울로 유학을 보내는 집도 있었다네요. 골목을 돌 때마다 이 집 큰아들은 ○○ 대학을 나와 교수가 되고, 저 집 아들은 ○○ 대학을 나와 대기업의 중견 사원이 되어 있다고 했습니다. 그리고 현재 여수시장 역시 초도 출신으로 초도를 빛낸 인물 가운데 한 분이라 자랑이었지요.

김진수 시인의 초도 사랑은 끝도 없이 이어졌습니다. 마을 민속 신앙을 비롯해 민속놀이 등 전통과 관련된 것을 비롯해 순우리말의 골짜기 지명 등을 끝도 없이 전해주는데요. '우대미, 알대미, 사장, 웃당, 아랫당, 안툿거리, 샛터몰, 양지짝, 음달, 이미골, 사슴목골' 등이 그것이었습니다. 그 지명을 어찌 다 기억하라고 그러는지 나는 그만 "형, 알았으니께요. 다음 뭐 재미있는 초도만의 놀이는 없나요?" 했더니, 그는 "아따 뭐가 그리 급한감, 알았당께." 하며 여유를 부렸습니다.

당제를 지내는 언덕을 내려와 초등학교를 돌아보고 마을 회관에 당도하였을 때였습니다. 마을을 마을답게 수놓고 있는 느티나무 아래 한창훈 소설가가 앉아 있었습니다. 그는 현재 거문도에 거처를 두고 소설을 쓰고 있는데, 이날 김진수 시인의 부탁으로 큰 삼치 한 마리를 들고 나타난 것입니다. 그것도 손수 낚시로 잡은 삼치라니 우리 모두는 큰 박수로 환영하였습니다.

오후 3시 전후 저녁 반찬 겸 술안주를 마련하러 대풍해수욕장으로 갔습니다. 넘실대는 푸른 파도가 '바다'다, 연호하기에 부족함이 없었는데요. 해수욕장은 모래 대신 몽돌로 바닥을 치고 있었습니다. 일행 중 어떤 사람은 기이한 몽돌을 줍는데 시간을 보내고, 또 다른 일행은 톳나물, 보찰(거북손), 참고동,

배말(삿갓조개)을 줍기에 바빴습니다. 누군가는 돌문어를 손으로 잡는 쾌거를 이루기도 했는데요. 나는 해산물 채취보다는 몽돌을 줍는데 정신을 판 덕에 지금도 아기 손을 닮은 몽돌을 호주머니에 넣고 다니며 쪼무락거리며 놀고 있답니다.

저녁 식사는 그야말로 잔치상처럼 풍성했습니다. 마을부녀회에서 준비한 음식도 풍요로운데 거기에다 거문도에서 막 잡아온 삼치까지 곁들이니 이보다 더 큰 밥상이 어디에 있겠는지요. 우리 일행이 잡은 갖가지 해산물 등까지 먹을 게 너무 많아 행복한 고민에 빠졌습니다.

　맛나게 식사를 마친 일행은 다시 낚싯대를 들고 마을 앞 방파제로 나갔는데요. 일부는 마을 회관에 남아 먹을거리를 내준 어머니들과 지화자 좋다 노래자랑을 하였지요. 나는 김용길 시인과 함께 고기 잡으러 방파제로 나갔습니다. 바람이 세서 그런지 낚시가 잘되지 않았는데요. 그래도 일행 중 몇 명은 돔이며, 볼락, 쏨뱅이 등으로 손맛을 봤습니다. 그중 김용길 시인은 낚싯대 없이 낚싯줄로만 된 낚시로 방파제로 싸놓은 거대한 시멘트덩이 틈 사이에서 손바닥만 한 물고기를 잘도 잡았습니다.

　다음 날 우리는 초도 일주도로를 따라 산책하였습니다. 진막리, 정강리를 돌아 다시 초도로 돌아오는 길인데 약 2시간가량 걸렸지요. 발길 닿는 곳마다 새로운 풍경에 흠뻑 빠졌는데요. 해국, 예덕나무, 정금나무, 보리수 넝쿨 등은 우리 고향에서는 볼 수 없는 귀한 식물들이었습니다. 또한 바위 위에 다소곳이 앉아 꽃을 피우고 있는 천년초도 신기하기만 하였습니다. 그뿐만 아니라

나무를 타고 올라 주렁주렁 매달린 하늘수박은 마치 달덩이처럼 보였는데요. 김용길 시인이 따주어 먹어보기도 하고, 또 몇 개는 집에 가지고 와 장식으로 걸어두었지요. 초도는 해산물만 풍부한 것이 아니라 식물의 보고이기도 하였습니다.

1박 2일의 초도 여행을 마치고 여수에 도착한 것은 오후 6시경이었습니다. 김진수 시인과 아내가 손수 운영하는 '거북수산'에 들러 아버님께 드릴 회를 샀는데요. 내가 지불한 돈의 액수보다 푸짐하게 회를 담아주어 여간 고맙고 미안한 게 아니었습니다. 시인의 아내도 시인을 닮아 그런가 봅니다.

김진수 시인은 천성이 시인입니다. 그러니 무슨 사업을 잘 해낼 수 있겠는지요. 여러 번의 사업 실패로 고향의 땅은 잃고 지금은 작은 '거북수산'을 운영하고 있지만 나는 그를 만난 것이 행운이라 여깁니다. 그는 느려터진 '거북' 이름의 작은 공간의 횟집을 운영하지만 한식 요리사 자격뿐만 아니라 그 어렵다는 복요리사 자격증까지 취득한 전문 요리사입니다. 그가 떠주는 회는 고향의 밀감나무가 선사하는 그대로 따듯함을 더해주었습니다. 더군다나 팔팔한 활어회가 주문 택배로 전국 어디든 달려간다니 반갑기도 합니다. 가끔 김진수 시인의 목소리가 듣고 싶을 때는 '형, 회 한 접시 출발.' 하며 전화를 넣어야겠습니다. 그러면 바로 '응, 그라재.' 그의 느릿하고 구수한 웃음소리가 따라오겠지요.

초도, 풀섬에는 시인의 집이 있습니다. 그리고 여수에는 갯바람 소리 정겨운 풀섬 아이가 '거북수산'에서 푸른 파도 소리를 들려줍니다.

절망(絶望) 아닌 또 다른 절망(切望)을 찾아서

지난해 연말 중국 심양으로 가는 길은 마냥 설레기만 했습니다. 몇 해 동안 여러 가지 사정으로 해외여행은 꿈도 꾸지 못했습니다. 그런데 한겨울 중국을 간다는 게 여간 기쁜 게 아니었습니다. 무엇보다 설경의 백두산을 구경할 수도 있겠다는 벅찬 믿음을 가졌기 때문입니다.

이번 여행은 온전히 판화가 김준권 형 덕분입니다. 그는 오래전부터 중국을 안방 드나들 듯하면서 판화 작업과 전시를 병행하고 있는데요. 지난가을 그가 곶감용 둥시를 사러 영동에 왔을 때 중국 나가게 되면 나 좀 데리고 가 달라고 부탁을 드렸습니다. 그는 2016년 1월 중국 천진 한중 판화 교류 전시가 있는데 그때 같이 가자며 흔쾌히 답을 주었습니다. 그 이후 전시 기간 중 가는 것보다 사전 전시 조율로 중국 나갈 때 같이 가면 좋겠다는 전화가 있었는데요. 전시 때는 2박 3일 동안 전시장과 숙소만 왔다 갔다 하니 여행은 좀 힘들 것 같다는 취지였습니다. 여행을 떠나기 전 몇 가지 당부의 말도 있었는데요. 영하 20~30도 추위를 감당할 만한 방한복, 장갑 등을 준비하라는 것이었습니다. 그의 깊은 배려에 감사하며 여행의 즐거움만 꿈꿨습니다.

청주공항에 도착했을 때 형의 작품 중 「붉은 산과 소나무」 판화가 부착된 시내버스(신탄진과 청주공항 노선)를 만났습니다. 그동안 서울 지하철 역사 등을 비롯해 공원 등에 시가 전시된 것은 종종 보아왔으나 시내버스에 그림이 전시되고 있다니 놀랍기 그지없습니다.

심양공항에 도착하자마자 노신대학을 찾았습니다. 그리고 숙소로 들었는데요. 숙소는 다름 아닌 그의 작업실이었습니다. 그동안 중국을 쉽게 오가며 작업하는 연유를 비로소 알게 되었습니다. 작업실은 40여 평 규모의 아파트로 판화 작업 도구와 함께 소박한 살림살이가 정겨웠습니다.

김준권 형과의 첫 만남은 1989년으로 거슬러 올라갑니다. 민예총 시절 만나 오늘날까지 서로 왕래하며 아름다운 인연을 같이하고 있습니다. 그 시절 화가 강요배, 판화가 홍선웅, 류연복 형과 자주 만나 술을 마시고 여행도 같이하곤 했는데요. 그는 술을 전혀 마시지 못하지만 서로 어우러져 현실과 예술을 논하고 노는 데 부족함이 없었습니다. 그 이후 그는 진천 백곡에 작업실을 들이고 중국을 오가며 활발한 판화 작업을 하면서 크고 작은 전시를 수차례 가졌습니다. 특히 2014년 12월, 한국 목판화의 새로운 역사를 쓰는 「나무에 새긴 30년—화집 출판기념회 및 판화 전시」가 인사동 아라아트 전관에서 있었습니다. 그때 그가 평생 작업해온 유화 20여 점을 포함해 판화 270여 점을 한자리에서 감상하는 행운을 얻기도 하였지요.

우리는 작업실에서 짐을 풀고 간단한 차림으로 서탑가로 향했습니다. 우려했던 한파도 스모그 없이 심양은 맑고 쾌청했습니다. 서탑가는 한국의 번화가를 그대로 옮겨 놓은 것과 별반 다르지 않았습니다. 조선식 거리의 입간판을 비롯해 음식 또한 그러했는데요. 이곳저곳 구경하다가 여행사에 들러 천진 가는 열차를 예약하고 전통 시장에서 저녁 찬거리를 샀습니다. 돌아오는 길에 노상에서 양꼬치로 55도의 이과주를 마실 수 있었는데요. 세상에서 가장 소박한 술상이었습니다.

천진으로 가는 날 이른 아침 가랑비가 내렸습니다. 어젯밤 독주로 발걸음은 겨울 빗소리만큼이나 처량하고 무거웠습니다. 고속 열차에 몸을 싣고 천진에 도착할 때까지 잠만 청했습니다. 천진역에 도착하니 한중 판화 교류전의 실무 담당자가 나와 기다리고 있었습니다. 그의 승용차 편으로 조해봉(자오 하이펑) 판화가의 작업실에 도착해 전시될 한국 측 판화를 건네주고 바로 숙소로 향했습니다. 중국 측 판화가들과 저녁 만찬은 오후 7시로 예약되었습니다. 저녁 식사 전 중국 측 실무 담당자와 함께 숙소와 인접한 천진 연안부두를 거닐었습니다.

이번 여행의 일차 목적은 한중 판화 교류전의 한국 측 판화를 중국 측에 건네주는 것으로 마무리 되었습니다. 물론 중국 측 화가들과 만찬이 남아 있긴 하지만 김준권 형은 내게 웃으면서 말했습니다.

"지금부턴 당신을 위한 여행 들어가는 거여. 저녁 만찬 때 좋은 술도 있을 테니 한잔하고."

천진 연안부두는 아름답기도 하지만 볼거리가 많았습니다. 그중에서 한자원류(漢字源流)를 벽화 양식으로 새긴 한자대관(漢字大觀)은 장관이었습니다. 1시간여 동안 한자대관을 돌아본 후 가까운 시내로 나가 양꼬치와 닭꼬치를 사 먹으면서 여행의 참다운 멋을 제대로 느낄 수 있었습니다.

호텔로 들어와 중국 측 10여 명의 판화가들과 만찬을 즐기면서 문화·예술의 기능과 역할에 대해 많은 생각을 했습니다. 남북 교류의 물꼬도 정치가 아닌 문화·예술이 한몫한 게 아닐까요. 그의 유창한 중국어 통역으로 내가 (주)실천문학에서 근무하던 시절 꾸청의 시집과 소설책을 발간한 내력을 소개하기도 했었는데요. 만찬이 끝나고 우리는 가까운 사우나를 찾아 피로를 풀고 바로 잠자리에 들었습니다.

다음 날 이른 아침 천진역에서 산해관 가는 고속 열차에 몸을 실었습니다. 열차를 타고 가는 동안 다음 여행지 산해관과 만리장성에 대해 많은 이야기를 나누었습니다. 연암 박지원은 『열하일기』에서 "만리장성을 보지 않고서는 중국이 얼마나 큰 줄 모를 것이오. 산해관을 보지 않고는 중국의 제도를 모를 것"이라 했을 만큼 우리 여행지의 중요성을 알게 되었습니다.

산해관은 오랑캐와 중국의 경계를 삼은 것으로 널리 알려져 있습니다. 즉 북동쪽의 유목 민족으로부터 베이징을 방어하기 위해 꼭 지켜야 할 중요한 전략적 요충지로 명대에 산해관으로 명명되었다고 전합니다.

산해관에 도착해 오토바이 택시를 타고 먼저 구문구장성으로 향했습니다. 구문구장성으로 가는 길가 비탈진 밭에는 사과나무가 많았습니다. 구불구불 산길을 따라 얼마나 달렸을까요. 도착지 구문구장성 입구에 도착하니 사과를 비롯한 먹거리를 파는 작은 난장이 펼쳐져 있었는데요. 우리네 관광지 풍경과 크게 다르지 않았습니다. 장성은 오르지 않았지만 여행이란 이런 거야, 환호하기에 부족함이 없었습니다.

만리장성은 베이징 여행 때 자금성과 연계되어 서너 차례 오른 적이 있습니다. 매번 찾을 때마다 한여름이라 여간 고생을 한 게 아니었는데요. 그 위용에 기가 눌렸던 것도 사실입니다. 그러나 산해관의 구문구장성은 산과 강, 그리고 바다와 접하고 있어서 그런지 따듯하면서도 포근하게만 느껴졌습니다. 무엇보다 과거 우리 땅으로 명명된 발해만에 위치해 있어서 그런 게 아니었을까 생각도 했고요.

구문구장성을 돌아본 후 돌아오는 길에 장수산 등을 들를까 하다가 바로 천하제일관으로 향했습니다. 천하제일관은 산해관성의 만리장성 동쪽 시작 지점의 성루로 예로부터 큰 전투가 자주 벌어졌던 전략적 요충지였다고 합니다.

연암 박지원도 열하를 가기 위해 압록강을 건너 심양을 지나 산해관의 천하제일관을 통해서 북경으로 입성했겠지요. 한겨울이라 그런지 성문을 들어서서 돌아 나올 때까지 아무도 만나지 못했습니다. 천하제일관 현판이 걸려 있는 성루 앞에서 기념사진으로 흔적을 남기고 산해관의 백미 노용두를 찾았습니다.

노용두는 육지의 만리장성이 작다 여겨 바다 저 멀리까지 뻗어나가는 듯 또 하나의 성의 시작처럼 보였습니다. 그뿐만 아니라 빼어난 경관이 관광객을 불러 모으고 있는 것처럼 보였는데요. 구문구장성이나 천하제일관과는 달리 관광객들로 만리장성을 이루고 있었습니다. 우리는 오랫동안 이곳저곳을 돌아본 후 바다에 떠 있는 붉은 해를 앞에 두고 아름다운 해변을 걷기도 했습니다.

점심을 거른 채 여행을 하면서도 배가 고픈지도 몰랐습니다. 심양으로 돌아가기 위해 산해관역에 도착했을 때 비로소 허기가 몰려왔습니다. 역 주변의 가까운 식당에 들러 만두와 차를 마시면서 다음 여정을 상의했습니다. 날씨가 어떨지 모르지만 일단 심양 작업실로 돌아가 방한복 등을 챙겨 서파 백두산으로 가기로 했습니다.

산해관역에서 심양으로 가는 동안 고속 열차의 차창 밖을 바라보면서 드넓은 만주벌판을 생각했습니다. 과거의 영광을 추억하기에는 조국의 현실이 너무나 참담했지만 어제 열차 안에서 내내 자느라고 보지 못했던 만주벌판을 넋 놓고 바라보다 사진 찍는 것으로 위안을 삼았습니다.

심양역에 도착해 택시를 타고 작업실로 갔습니다. 그러나 우리가 우려했던 일이 벌어지고 말았습니다. 첫날 심양에 도착해 작업실로 들어갈 때 현관문이 열리지 않아 한참 고생을 했는데요. 마침 작업실을 함께 쓰고 있는 지인이 문을 열어주어 들어가긴 했지만요. 그날 밤 서탑가 여행 후 작업실로 들어갈 때 현관문이 열리지 않은 것과 같은 현실이 닥쳤습니다. 결국 백두산을 오르기 위해 준비한 방한복을 비롯해 모자, 장갑 등을 챙기지 못한 채 송강하행 완행열차 3단 침대 중 3층에 피곤한 몸을 뉘었습니다.

중국 여행 중 가장 오랜 추억으로 남는 것 중에 하나가 북경에서 연길까지 완행열차를 탔던 때입니다. 1996년도로 기억되는데요. 그때 20여 시간 열차를 탄 거 같습니다. 열차에 오르기 전 준비한 술과 과일 등을 먹으면서 대여섯 시간 창밖 풍경을 구경삼아 술을 마시다 잠들었는데요. 문제는 술에서 깨어난 이후였습니다. 잠자리가 불편한데다 머리는 아프고 목은 마르고 해서 고생이 이만저만이 아니었습니다. 그래도 지금까지 아름다운 추억으로 반추되는 건 내가 이제 늙고 있다는 증거입니다. 그 이후 또 한 차례 북경에서 돈황 가는 열차에 몸을 실었다가 중간에 몸이 허락하지 않아 여행을 포기한 채 북경으로 돌아왔던 웃지 못할 아픈 추억도 있습니다.

중국에 도착하자마자 2박 3일 동안 쉼 없이 여행을 즐긴 탓인지 피곤하기가 이루 말할 수 없었습니다. 나도 그런데 형은 어떠했을까요. 2014년 큰 전시를 앞두고 두세 달 전 쓰러져 심혈관 수술까지 받고 난 이후 아직도 매일 약을 들고 있으니 말해서 무엇하겠는지요. 그래도 형은 나 때문에 생고생이다 한마디 불평불만 없이 '백두산을 오를 수 있어야 하는데' 혼잣말을 하면서 날씨만을 걱정했습니다.

몸은 피곤했지만 한겨울 백두산 천지를 볼 수 있다는 기대감 때문에 쉽게 잠을 이룰 수 없었습니다. 자정이 넘어 잠깐 잠이 들었다 깨어나니 열차가 정차 중이었는데요. 철길 가로 두 자 이상의 눈이 쌓여 있는 것처럼 보였습니다. 그리고 어둠 속으로 이도백하(二道白河) 역사의 현판이 눈빛에 반사되어 보였습니다. 얼다오바이허, 이도백하(二道白河), 20여 년 전 연길 여행 중 잠시 들렀던 곳입니다. 이곳은 중국 내 조선족이 조국의 향수를 달래며 고향을 이루고 사는 곳 중 한 곳인데요. 한때 유랑민처럼 만주 일대를 떠돌았던 백석도 이도백하를 들르지 않았을까 생각합니다. 만약 그가 이도백하를 소재로 시를 썼다면 "어늬 아츰 계집은/머리에 무거운 동이를 이고/손에 어린것의 손을 끌고/가펴러운 언덕길을/숨이 차서 올라갔다/나는 왼종일 서러웠다"(「절망(絶望)」)가 아닌 '절망(切望)'을 통해 조선인의 강인한 삶의 숨결을 읽어내지 않았을까요.

이른 아침 송강하역에 내렸을 때 한눈에 들어오는 건 눈 나라 공화국 자체였습니다. 역 가까운 곳에서 방한복과 내의를 비롯 장갑 등을 구입한 후 다음 택시를 타고 백두산을 향했습니다. 택시 기사는 평소 같으면 백두산 서파 산문까지 30여 분 걸릴 거리인데 1시간은 가야 할 것 같다고 했습니다. 한국 같으면 도로를 통제했을 뿐만 아니라 산행 자체도 막았을 것입니다. 시내를 벗어나 10여 킬로미터를 벗어났을까요. 도로 양옆의 산에는 자작나무가 빽빽하게 숲을 이루고 있었습니다. 폭설 속의 자작나무는 더욱더 하얗게 보였는데요. 마치 자작나무의 까만 눈이 어두운 세상을 하얀 눈으로 바꿔놓은 것처럼 보였습니다. 백두산 매표소 입구에 도착하자마자 내 생애 또 하나의 기쁨으로 남을 자작나무와의 포옹을 나누었습니다.

매표소 입구에서 미니버스를 타고 스노우모빌 주차장까지 가는 길은 여간 가파른 게 아니었습니다. 평상시의 운행도 험한 산길이라 숨을 죽였을 텐데요. 제설차로 눈을 치웠다 하지만 빙판을 이룬 도로라 여간 마음을 졸였던 게 아닙니다. 서파산장에 들어간다고 하더라도 과연 폭설을 헤치고 백두산을 오를 수 있을까 내심 걱정이 앞섰습니다.

설령 산장에서 더이상 오를 수 없다 해도 후회는 없을 것 같았습니다. 오죽했으면 "형, 백두산 오르지 못해도 난 좋다. 자작나무숲을 본 것만으로 하오요." 했을까요. 스노우모빌 주차장에 내렸을 때 그야말로 설국의 백두산이 한눈에 펼쳐져 있었습니다.

난생처음 스노우모빌을 탔습니다. 그가 앞에 타고 난 뒤에 탔는데요. 어찌 설명해야 할까요. 천지 아래 상부 마지막 주차장까지 가는데 몇 분이 걸렸을까요. 영하 30도를 넘나드는 한파 속에 스노우모빌을 탔으니까요. 그것도 평지가 아닌 백두산 천지 900미터 지점까지 칼바람의 한파 속을 스노우모빌은 거침없이 달렸습니다. 매표소 입구에서 미니버스를 타고 올라올 때도 오금을 펴지 못했으니 어떠했겠는지요.

스노우모빌에서 내려 백두산 천지까지 가는데 또 하나의 난코스가 기다리고 있었습니다. 바로 1,442계단을 하나하나 밟고 가파른 산 언덕길을 올라야 했는데요. 사람 하나 간신히 걸어갈 수 있는 계단 밖에는 내 키보다 더 높은 눈으로 쌓여 있었습니다. 간밤에 또 눈이 내렸는지 제설 작업하는 인부들이 계단에 쌓인 눈을 연신 삽으로 치우고 있었습니다. 우리는 가다가 쉬고, 또 쉬다 가고 하기를 수십 차례, 드디어 백두산 정상에 올랐습니다. 한여름 북파 백두산에 올랐을 때에도 구름 한 점 없었는데요. 이날도 쾌청, 또 쾌청이었습니다.

　백두산 천지에 올랐을 때 얼마나 감격스러웠으면 형은 하늘을 솟구쳐 오르며 환호성을 질렀습니다. 나도 따라 길길이 날뛰며 좋아했지요. 우리의 기이한 행동을 보고 함께 버스로 올라온 중국인들도 크게 손뼉 치면서 따라 길길이 날뛰었습니다. 이날 한국인들이나 조선족이 같이 올랐다면 서로 부둥켜안고 춤을 추었겠지요.

　백두산은 민족의 영산답게 백두의 바람과 하늘과 구름과 나무를 거느리고 있었습니다. 나는 늙은 자작나무 까만 눈으로 잠시 백두산 천지를 바라보며 느끼고 만지고 생각하다 사뿐 내려놓고 단둥으로 가는 열차에 몸을 실었습니다. 언제 다시 겨울 백두산을 오를 수 있을까요.

　북녘을 맨 처음 지척에서 바라볼 수 있었던 건 도문이었습니다. 20여 년 세월이 흘러서 뚜렷한 기억은 별로 없지만 두만강을 사이에 두고 흐르는 산하가 참 아름다웠다는 생각만은 지울 수가 없습니다. 그러나 단둥에서 북한을 바라보는 심사는 압록강의 깊고 넓은 큰 강보다 더 복잡하기만 했습니다.

우리는 단둥역에서부터 북한이 빤히 내려다보이는 압록강까지 걸어갔습니다. 단둥은 심양의 서탑가에서 느꼈던 조선족 거리와 같았습니다. 그러나 북한이 가까이 있다는 것만으로도 마음이 착잡하기만 했는데요. 여기까지 오는 데 에둘러 올 수밖에 없는 조국의 현실이 너무나 안타깝고 슬펐기 때문입니다.

압록강 주변을 머무는 동안 내내 기분이 유쾌하지는 못했습니다. 아들내미 군 입대 영장이 나왔다는 소식을 단둥에 도착하기 전 열차 안에서 카톡으로 받았기 때문입니다. 유람선을 타고 북한 가까이 다가가 여러 가지 풍물을 사진에 담으면서 우리는 왜 여기에 서 있는가, 무엇 때문에 이국의 땅에서 조국의 산하를 바라보는 걸까, 왜 서로 총부리를 겨누고 날이면 날마다 서로 대치해야만 하는가, 자괴감으로 마음이 더없이 무거워지는 걸 주체하지 못하고 무거운 발걸음을 돌렸습니다.

중국에서의 마지막 날 심양 조선족 거리 서탑가에서 소주를 곁들여 삼겹살과 감자탕으로 저녁 식사를 했습니다. 여행하면서 음식을 가리지는 않았지만 먹고 싶은 게 있었는데요. 삼겹살과 감자탕, 거기 소주였지요. 심양 · 천진 · 산해관 · 송강하(서파 백두산) · 단둥 등 수천 킬로를 열차로 이동해 여행하는 일주일 동안 중국 현지의 음식만 내내 먹었으니 우리 식단의 맛이 그리운 건 당연하겠지요. 술을 못하는 그를 앞에 두고 또 한 번 대취했습니다.

연암 박지원은 압록강을 건너 중국을 다녀왔습니다. 그리고 세월이 흐른 후 일제 강점기 조선의 독립을 위해 수많은 독립투사들이 어둠 속의 압록강을 건넜을 것입니다. 우리는 언제 압록강을 건너 자유로운 중국 여행을 할 수 있을까요.

다시 연암이 걸었던 길을 따라 걷고 싶습니다. 그 길이 아니더라도 심양,

연변, 이도백하, 송강하, 단둥을 두루두루 여행할 수 있길 간절히 소망해 봅니다. 내친김에 산해관까지 또 가서 절망(絶望) 아닌 또 다른 절망(切望)을 밤새 노래하고 싶습니다.

"형은 역시 조선 최고 판화가여."

벅찬 여행으로 술기운이 붉어진 나에게 그는 고개를 끄덕이며 그랬지요.

"그려, 다시 꼭 오자고, 따뜻한 봄날."

망종(芒種)을 하루 앞두고

망종(芒種)을 하루 앞두고 이른 아침 성백술 시인과 상주 문학기행 길에 올랐습니다. 상주 문학기행 시작은 노악산 남장사였습니다. 수봉재 산길을 넘어 구불구불 들길 따라 남장사에 도착하니 강규, 권위상, 나문석 시인, 양효숙 수필가 등을 비롯해 상주의 유재호, 황구하 시인 등이 반갑게 맞이해주었습니다. 유재호 시인은 대학 선배이기도 한데요. 시에문학회가 상주를 찾아주니 그는 고맙다는 말을 연신 건네며 따뜻하게 손을 잡아주었습니다.

남장사는 대한불교조계종 제8교구 본사인 직지사의 말사입니다. 이 절은 경상북도 팔경(八景) 가운데 하나로 신라 시대 832년(흥덕왕 7) 진감국사(眞鑑國師) 혜소(慧昭)가 창건하여 장백사(長柏寺)라 전합니다. 그 이후 고려 시대 1186년(명종 16) 각원화상(覺圓和尙)이 지금의 터에 옮겨 짓고 남장사라 하였는데요. 목각탱화(보물 제922호)를 소장한 보광전은 옛 풍경 그대로 산사의 고즈넉한 향기를 보여주기에 부족함이 없는 명찰입니다.

남장사는 상주 시인들에게 시적 영감을 선사하는 곳으로 이만한 곳이 드물다는 걸 잘 알고 있습니다. 남장사가 상주를 대표하는 역사성과 문화재뿐만

아니라 경관도 수려하기 때문입니다. 여기에다 절 입구 언덕의 석장승이 또한 그러합니다.

남장사 석장승은 불교와 민속 신앙이 접목된 민중의 환한 얼굴입니다. 잘난 데라고는 하나 없이 메주덩이와 같이 못생긴 얼굴은 보는 이에게 경계심 없이 속마음까지 드러내 보여주는 것 같은데요. 머리 윗부분은 세모난 민대머리고, 눈썹과 눈동자 표시가 없이 좌우로 치켜진 툭 나온 왕눈, 왼쪽으로 비뚤어진 주먹코는 마치 못난 나도 이렇게 환하게 웃고 사는데 나보다 잘난 당신들은 더 행복하게 살아야 하지 않겠냐 말하는 것만 같았습니다.

남장사 처처를 돌아본 후 점심을 먹기 위해 이미령 시인이 운영하는 식당으로 들었습니다. 이미령 시인과 함께 최근 시집과 산문집을 동시에 펴낸 이승진 시인이 기다리고 있었습니다.

읍내 지리도 잘 모르는 엄마가 어쩌다 병원 중환자실로 가출을 했다 면회 시간, 문을 열고 들어가는데 엄마는 아들에게 관심이 없다 얼굴이 붓고 표정도 없다 중궁암 부처님을 닮으셨다 나는 누구냐며 다정하게 물어도 '몰라' 큰아들 어디 갔냐며 큰아들이 물어도 '몰라' 엄마는 이 세상의 모든 경전을 '몰라' 두 글자로 줄이고 중환자실 복판에 자리 잡은 환자 중이다 입동 지난 하늘의 얼굴이 자꾸 붓는다 주차장 계단을 돌아내려 오며 우리 엄마 붓다! 우리 엄마 붓다! 우리 엄마 붓다! 혼자 중얼거리는데 묵언수행 중인 눈이 내리기 시작한다

—이승진, 「엄마붓다」 전문

이승진 시인과 인사를 나누며 가벼운 농담을 건넸습니다. 노악산 남장사만 들러보고 중궁암은 들르지 못해 "엄마 붓다! 우리 엄마 붓다! 우리 엄마 붓다!

를 만나지 못해 많이 서운해 어떡하지?" 했지요. 그랬더니 그는 "남은 노래가 여기 있는데, 떠난 노래를 뭘 찾고 그래여." 했습니다. 가볍게 점심 식사를 나누면서 "이 세상의 모든 경전을 '몰라' 두 글자로 줄이고" 어쩌면 "중환자실 복판에 자리 잡은 환자 중"으로 살아가고 있는지도 모른다는 생각을 해보았습니다. 그러면서 늘 '알아', '알고 있다니까' 우기면서 혼탁한 세상을 더욱 어둡게 하고 있는 건 아닌지요.

상주시 도남동에 위치한 도남서원에 도착했을 때 보에 갇힌 엄청난 강물이 한눈에 들어왔습니다. 흐르지 않는 낙동강의 큰 강물이 도남서원의 유래를 좇아 잠시 쉬어가고 싶은 마음을 가라앉혔습니다. 강물이 흐르지 않고 저렇게 큰 보에 막혀 있다면, 흐르지 않는다면 어찌 강이라 할 수 있겠는지요.

해 질 녘에 반구정(伴鷗亭)에 올라 눈길 미치는 대로 바라보니, 넘실거리는 물은 연악동(淵嶽洞)의 탁영담(濯纓潭)에서 흘러오고 높고 험한 묏봉우리는 비봉산(飛鳳山)에까지 뻗쳐 있다. 상령(商嶺)을 우러르는 자지지풍(紫芝之風)을 상상하고 노음산(露陰山)을 보고 잔질하면서는 서하지취(棲霞之趣)를 거슬러 생각한다. 물에 다다라서는 거북이가 낙서(洛書)를 업고 나온 일을 궁구하고, 포구를 바라보면서는 봉황을 부르던 퉁소소리를 생각한다. 이 땅은 참으로 책 많고 현인이 많았던 고장이요 신선이 살던 고을이라 적벽(赤壁)의 거친 비탈과는 견줄 바가 못 된다. 만약, 파공(坡公)으로 하여금 이곳을 한번 보게 하였더라면, 우렁찬 대작을 지어 응당 천하에 빛남이 또한 적벽부에만 비할 일도 아닐 것이다.

—이준, 「낙강에 달 띄우고 지은 시의 서문」 부분(권태을 역, 『낙강범월시』.

아세아문화사, 2007)

  도남서원을 몇 차례 찾은 적이 있습니다. 상주 문인들은 2002년부터 매년 전국 시인의 시를 모아 낙강시회를 열고 있습니다. 나도 이 행사에 참여하면서 평소 가까이 뵙지 못했던 문인수 시인 등을 만날 수 있었는데요. 낙강시회는 1196년(고려 명종26년) 최충헌의 난을 피해 상주에 우거했던 백운(白雲) 이규보(李奎報. 1168~1241)의 시회를 시작으로 이어졌다고 전해집니다. 그 이후 1491년(성종22년)의 상주목사 강구손, 의성군수 유호인 등의 시회를 거쳐 1862년(철종13년) 계당(溪堂) 류주목(柳疇睦. 1813~1872)에 이르기까지 666년 동안 총 51회에 걸쳐 이루어진 역사적인 시회로 그 의미가 아주 크다고 할 수 있겠지요.

  상주는 삼백(흰 쌀, 누에고치, 곶감)의 고을로 널리 알려져 있지만 자전거

고을로도 유명합니다. 도남서원에서 자전거박물관까지 가는 도로에는 자전거의 물결로 출렁거렸는데요. 실제로 상주는 가구당 2대의 자전거를 보유하고 있다고 합니다. 이는 낙동강을 사이에 두고 오르막이 별로 없는 넓은 들판에 고을이 형성되어 자전거 타기에 아주 적합하기 때문이겠지요. 자전거박물관에는 자전거와 관련된 자료와 목마에 바퀴를 단 독일의 '드라이지네'를 비롯해 70여 종의 희귀한 자전거가 전시돼 있었습니다.

  상주박물관에서 상주의 역사와 문화를 둘러보고 바로 경천대에 올랐습니다. 경천대는 십여 년 전 박운식 시인과 들른 이후 아주 오랜만에 찾았는데요. 그때의 수려했던 경관은 찾아볼 수 없었습니다. 경천대 아래로 굽이쳐 흐르는 강물을 볼 수 없을 뿐만 아니라 넓은 백사장이 없어 그랬는지도 모릅니다. 상주하면 떠오르는 게 하나 있습니다. '상주 함창'으로 시작하는 노래가 그것인데요. 문청 시절 술자리에 빠지지 않는 구전 가요 중 하나로 30여 년 동안 그 노래를 즐기고 있기 때문입니다.

망종(芒種)을 하루 앞두고

상주 함창 공갈못에/연밥 따는 저 처녀야/연밥 줄밥 내 따줄게/이 내 품에 잠 자주소//잠자기는 어렵잖소/연밥 따기 늦어가오//이 물꼬 저 물꼬/다 헐어놓고/ 쥔네양반 어디갔나/장터 안에 첩을 두고/첩네 방을 놀러갔소//모시야 적삼에/반 쯤 나온 젖 좀 보소/많아야보면 병이 난다/담배씨만큼만 보고 가소//이 배미 저 배미 다 심어놓고/또 한배미가 남았구나/지가야 무슨 반달이냐/초생달이 반달이 지//능청능청 비리 끝에/울고 가는 우리오빠/나도 죽어 후세가면/낭군부터 섬길 라네//고초당초 맵다 해도/시집살이만 못 하더라/나도야 죽어 후생가면/시집살 이는 안 할라네

—상주 민요, 「연밥 따는 노래」

공갈못의 내력을 피력하지 않아도 들이 넓은 상주는 큰물이 필요했을 것입니다. 그러다 보니 물을 담수할 수 있는 못이 필요했을 테고요. 바로 공갈못도 그중 하나겠지요. 공갈못 노래가 아직까지 우리의 마음을 크게 감동시키는 건 왜 일까요. "연밥 따는 저 처녀야/연밥 줄밥 내 따 줄게/이 내 품에 잠자주소//잠자기는 어렵잖소/연밥 따기 늦어가오"가 아니겠는지요.

김혁 소설가는 몇 년 전 공갈못 연꽃 구경을 하며 '공갈단' 모임(김혁, 박운식, 양문규, 양선규)을 주선하였는데요. "연밥 따는 처녀에게 연밥 따주겠다고 약속하고는 연밥은 안 따주고 사랑만 즐겼구먼." 하며 결국 공갈 친데서 유래하여 공갈못이라 불려진다고 농담을 한 적이 있습니다. 아무튼 공갈못보다 이 노래가 1980년대 대학가는 물론 문단에 두루 불려졌던 이유가 어디에 있는가 짐작이 가고도 남을 것입니다. 아직 연꽃은 피지 않았지만 연꽃보다 환한 마음을 안고 공갈못을 돌았습니다. 그리고 연밥을 따주기 위해 연밥 처자 옆으로 다가서 노래를 부르는 어떤 사내를 그려봤는데요. 그때 원앙 한 쌍이 푸드득 날개를 떨며 하늘로 날아올랐습니다.

예정 시간보다 조금 늦게 석운도예공방을 찾았습니다. 점심때 헤어졌던 이승진 시인이 먹을거리를 한 보따리 안고 다시 찾아주었습니다. 그리고 상주문인협회 김다솜 시인 등도 함께하면서 우리 일행을 반갑게 맞이해 주었습니다. 친구로 지내는 상주예총의 정운석 도예가를 만나는 기쁨은 이루 말할 수 없이 컸는데요. 석운 선생과는 천태산 여여산방 시절 서로 오가며 시와 도예가 함께하는 아름다운 인연을 간직하며 오늘에 이르고 있습니다.

초벌 된 도자기에 자신의 시를 한 구절씩 새길 무렵 대전의 고수민 시인이 남편 김원섭 시인과 함께 합류했습니다. 어느덧 모두 자기만의 작품을 만들고 있었는데요. 그때 상주환경농업학교 오덕훈 선생의 전화가 빗발쳤습니다. 상주환경농업학교에 도착하니 오덕훈 선생은 "아 참말로 와 이리 늦게 오는겨." 하며 어깨를 툭 쳤습니다. 상주에 올 때마다 술자리를 같이했던 오 선생은 언제 만나도 반가운 술꾼입니다.

우리 일행은 오 선생이 미리 불을 피워 달구어 놓은 불판에 고기를 구워 먹으며 시와 노래로 밤을 지새웠는데요. 석운 선생 부부가 도자기 술잔을 가져와서 일행들에게 선사해 주며 자리가 무르익었습니다.

느티나무시 동인인 권현옥, 김이숙 시인이 오고 저녁 늦게 도착한 부산의 권용욱 시인의 기타 반주와 노래는 초여름 밤을 더욱 아름답게 빛내주기에 부족함이 없었습니다. 특히 오 선생이 춤사위를 곁들여 부르는 「농민가」와 「해방가」는 당대 현실을 뛰어넘어 배꼽 빼는 웃음을 선사했는데요. 밤이 깊은 줄도 모르고 새벽 별빛까지 헤아리며 술을 마시게 해주었습니다.

우물에 잠겼던 지친 별 어둠 속으로 사라진다//이른 새벽 마른기침 소리가 마루 밑에 웅크린 어둠을 몰아낸다 녹슨 청동빛 시간들을 지탱해주던 희망과 절망을 지고 드나들었던 낡은 대문으로 조각난 아스피린 같은 새벽 달빛이 하얗게 내려왔다 누에처럼 실을 뽑아내던 밤벌레 울음을 풀숲에 내려놓는 시간 젖은 꿈을 지게에 지고 새벽 들길 나서는//아버지,/실루엣 한 장/미명 속을 걸어간다

―유재호, 「아버지의 새벽」 전문

상주환경농업학교는 유재호 시인의 모교입니다. 이 학교는 외서초 배영분교가 폐교된 이후 2002년 자연의 섭리를 배우고 환경을 지키고자 농민들이 뜻을 모아 문을 열었다고 합니다. 친환경농업을 실천하고자 하는 농업인들은 물론 도시의 소비자 단체, 청소년들이 친환경농업과 전통문화체험 및 자연학습을 통해 자연 사랑, 환경 사랑, 인간 사랑의 소중함을 가르치고 있는 학교로 상주의 명소 가운데 하나입니다. 나도 몇 년 전 여기에서 도법 스님과 황대권 선생, 박두규 시인 등과 모임을 갖기도 했습니다.

다음 날 늦은 아침을 먹고 바로 은척 동학교당을 찾았습니다. 지방문화재 민속자료 제120호로 지정된 은척 동학교당은 동학의 남접주인 김주희(1860~1940) 선생이 1915년에 이곳에 본거를 정하고 민족 고유의 종교인 동학의 포교와 교세 확장을 위하여 활동하다가 1924년에 지었다고 하는데요. 동학 경전과 동학 가사 등 전적류와 판목, 복식 등 1,400여 점의 유물이 전시되어 있어 당시 동학교당의 활발한 활동상을 엿볼 수 있었습니다.

참다운 세상, 사람답게 살 수 있는 세상은 어디에 있는 걸까요. 동학이 추구했던 세상은 하늘과 땅과 인간이 아름다운 조화를 이루며 살아가는 것이겠지요. 바로 자연·생명·평화가 충만한 세상입니다. 그러나 우리가 살아가는

세상은 너무나도 답답하고 가슴 아픕니다. 나라의 주권이 누구에게 있는 것이며, 왜 사드 배치를 하려고 하는지 참으로 이해하기 어려운 세상입니다.

마지막 일정으로 우복종가를 찾았습니다. 덕분에 진주정씨 우복 정경세(愚伏 鄭經世. 1563~1633) 선생도 만날 수 있었습니다. 스쳐 지나갔던 전 사벌왕릉(傳 沙伐王陵), 화달리 삼층석탑, 원흥리 솟대 등이 거듭 떠오릅니다. 성백술 시인과 돌아오는 차 안에서 "상주 함창 공갈못에/연밥 따는 저 처녀야/연밥 줄밥 내 따줄게/이 내 품에 잠자주소" 노래를 장단 맞춰 불렀습니다. 초여름 바람도 가뿐하게 수봉재를 넘었습니다.

과거로의 여행

울산과 양산으로 가는 길은 설렘 그 자체였습니다. 울산은 1980년대 이후 자주 찾았던 곳이기도 하지만 양산 통도사는 다녀온 지가 한참입니다.

이른 아침 영동역에서 후배 성백술 시인과 대전에서 열차로 내려온 최재경 시인을 태우고, 통도사 주차장에 도착한 시간은 오전 11시를 좀 넘고 있었습니다. 최재경 시인은 통도사 주차장에 들어서자마자 영축산을 가로막고 서 있는 아파트와 상가 등을 가리키며 혀를 찼는데요.

"이게 뭐여, 무조건 때려 짓기만 하면 다여." 눈살을 찌푸리며 무분별한 개발을 통탄했습니다.

양산 통도사를 처음 찾은 건 1983년 겨울로 기억됩니다. 고등학교 때 친한 친구가 복학 후 대학 동기생과 함께 울산으로 내려가 겨울 내내 공부를 하고 있었습니다. 마침 내 누님도 결혼 이후 매형의 직장을 따라 울산에 살고 있었는데요. 그때 처음 양산 통도사를 찾았습니다.

울산터미널에서 버스를 타고 양산 통도사를 찾아갈 때 눈이 내렸습니다. 버스 안에 열 명 남짓 손님이 타고 있었습니다. 그중 우리보다 서너 살 적어 보이는 애띤 여자가 있었습니다. 가련하면서도 예뻤지요. 어디까지 가나 궁금했는데 마침 통도사 앞에서 내렸습니다. 그녀도 통도사를 향해 걸어갔습니다.

눈 내리는 통도사 들어가는 길가의 소나무숲은 절경이었습니다. 얼마 동안 거리를 두고 같이 걸어가고 있었는데요. 승용차가 한 대 멈춰 서더니 그녀를 태우고 휑하니 우리 앞을 지나갔습니다. 친구는 "우리도 같이 태워가지" 하며 못내 씁쓸한 표정을 지었습니다. 통도사 경내를 구경하고 걸어 나와 다시 주차장 부근 다방에 들러 추위를 추스르는 무렵 그녀가 다방 안으로 들어왔습니다. 그녀는 내려올 때는 걸어왔는지 얼굴이 추위에 파랗게 질려 있었습니다.

우리는 나무 난로 옆에 그녀에게 자리를 양보하고 인사를 건넸습니다. 이 한겨울에 어떻게 혼자 절에 갔었는지부터 물었지요. 그리고 차를 태워준 사람을 혹 아냐고도 물었는데요. 그러나 그녀는 슬몃 웃기만할 뿐이었습니다. 친구가 준비해온 김밥을 그녀와 나눠 먹고 울산으로 돌아갈 때도 같은 버스를 탔습니다. 울산터미널에서 친구들과 헤어지고 그녀와 나는 방어진행 버스에 올랐는데요. 그녀의 고향은 동해인데 잠시 언니 집에 내려와 있다고 하였습니다. 다음 날 터미널에서 만나자 약속하고 헤어졌지요.

영동으로 올라가기 위해 다음 날 터미널을 찾았을 때 그녀는 나타나지 않았습니다. 1시간여 기다리다 동대구행 고속버스를 타고 동대구에서 다시 열차로 영동에 왔는데요. 며칠이 지났을까요. 그녀에게 한 통의 편지가 왔습니다. '통도사 이후 심한 감기로 많은 고생을 하였고, 약속을 지키지 못해 죄송하다며 다음에 일산해수욕장에서 보자는 내용과 언니 집은 전기세와 물세 등 고지서는 꼬박꼬박 잘 들어오는데 편지는 그렇지 않다는 것' 등을 곁들였습니다. 그리고 집안 형편이 어려워 고등학교 졸업 후 잠시 고속버스 안내양으로 근무하다 지금은 '간호사관학교 가기 위해 공부'를 하고 있다고 했습니다.

그녀가 정한 일산해수욕장에서 만나기로 한 날 친구의 군입대 송별식이 있어 부득이 어렵다는 편지를 보냈습니다. 그런데 그녀가 이야기한 것처럼 전달

되지 못하고 되돌아오고 말았는데요. 한겨울 바닷바람을 맞으며 혹 감기가 걸리지 않았는지 걱정을 했었습니다.

통도사 주차장 한켠에 부산에서 먼저 올라온 채영조 시인이 딸아이와 함께 반갑게 맞이해 주었습니다. 그 이후 권위상, 나문석, 황지형 시인이 도착하고 곧이어 대구의 성희 시인, 하동에서 박순현 시인이 부군과 함께 올라와 인사를 나눈 후 인근 식당으로 가기 전 양산시 관광안내도 앞에서 기념사진을 찍었습니다. 그때 성백술 시인은 "천태산이 양산에도 있네요." 하며 웃었습니다. 천태산이 양산에 있는 걸 나도 처음 접하면서 마을과 산과 하천 등 같은 이름을 쓰는 지명이 많다는 걸 새삼 느꼈는데요. 여행하면서 지명을 익히는 것도 또 하나의 재미입니다.

통도사 앞은 너무도 많이 변해 옛날 흔적은 눈 씻고 찾아보려야 찾아볼 수 없었습니다. 도로가 확장되고 넓은 주차장과 번듯한 상가, 그리고 아파트단지가 세월의 무상함을 일깨워줬습니다. 아담한 한옥 건물의 그때 그 다방의 그리움을 뒤로한 채 지인이 소개한 식당으로 들어가 산채비빔밥을 먹고 바로 울산암각화박물관을 행했습니다.

울산암각화박물관에 도착하니 울산의 문영 시인이 기다리고 있었습니다. 그와 함께 암각화박물관을 돌아본 후 대곡리 반구대 암각화를 찾았습니다. 오랫동안 비가 오지 않은 탓에 수위가 낮아져 암각화를 뚜렷하게 볼 수 있어 다행이었습니다. 이번 문학기행은 문영 시인의 소개로 이루어졌는데요. 우리는 인근 울주 진천리 각석 등을 돌아본 후 오영수문학관으로 향했습니다.

오영수문학관에 도착하니 부산의 권용욱 시인이 울산의 한영채 시인과 함께 우리 일행을 반갑게 맞이해 주었습니다. 문학관을 돌아보는데 갑자기 권위상 시인이 환호하였습니다. 그가 대학교 때 만났다던 문학 소녀가 이곳에 있었는데요. 다름 아닌 오영수문학관 관장 이연옥 시인이었습니다.

권위상 시인은 1985년 대학교 재학 중 『시문학』 전국대학문예 공모에 입상한 경력을 갖고 있습니다. 그즈음 울산문인협회 행사 때 이 관장을 만난 이후 30년 지나 만나게 되니 기뻐서 크게 환호할 만도 하지요. 양산은 나뿐만 아니라 과거를 추억하는 아름다운 공간으로 다시 태어나는 게 아닌가 생각이 들었습니다.

오영수 소설가는 우리나라 대표 서정 단편 소설가로 널리 알려져 있습니다. 1949년 9월 김동리 추천으로 『신천지』에 「남이와 엿장수」를 발표하며 본격적인 문단 활동을 펼쳤는데요. 1979년 작고할 때까지 30여 년 동안 총 200편의 단편소설만을 발표한 대표적인 단편소설 작가라 할 수 있습니다.

과거로의 여행 99

30년 동안의 작가 생활의 과정에 있어서 그는 시 한 수 잡문 한 편 쓴 거 같지 않고, 신문 소설은 물론이거니와 장편 같은 것에도 아예 손대 본 것 같지 않다. 단편소설 한 가지만을 고집스럽게 써 오고 있다. 단편소설을 위해서 태어난 사람 같은 인상을 준다.

—천이두, 「따뜻한 觀照의 美學」, 『한국문학전집 10』(삼성출판사, 1985)

문학기행 약속이 잡힌 날 예전에 읽었던 오영수 단편소설 두 권의 책을 찾아 읽었습니다. 고등학교 때 구입했던 10권짜리 『한국대표단편문학전집』(정한출판사, 1975) 중 10권에 수록되어 있는 「갯마을」과 「명암(明暗)」, 그리고 40권짜리 『한국문학전집 10』(삼성출판사, 1985) 중 10권 책에 수록된 「은냇골 이야기」, 「奧地에서 온 편지」, 「메아리」 등입니다.

오영수 단편소설을 다시 읽으면서 "오영수는 어둠 속에서도 한결같이 밝음을 찾는 작가이며, 구제받을 수 없는 악인에게조차 착한 마음씨를 찾아내는 작가"(천이두, 같은 책)임을 다시 새겼습니다. 그리고 "도시보다 시골을, 도시인보다 토속적인 인간상을, 인공적인 것보다는 자연적인 것을, 오늘보다는 어제를, 새로운 것보다는 낡은 것을"(천이두, 같은 책) 선호하는 작가의 입장이 나의 문학관을 대변하는 것처럼 보여 읽기에 아주 편했는데요. 그는 1977년 고향 언저리로 낙향하기 전 1955년 『현대문학』의 창간과 더불어 편집장으로 20여 년간 근무했답니다. 아마도 서울 생활은 작가에게 많은 상처와 시련을 안겨주었으리라 그의 추구했던 세계를 통해 미루어 짐작할 수 있었습니다.

울산·양산 문학기행은 과거로의 즐겁고 행복한 시간 여행이었습니다. 숙소로 떠나기 전 문청 시절 대전에서 문학을 했다는 이유로만으로 울산의 송은숙 시인에게 전화를 넣었습니다. 아니, 성백술 시인과의 38여 년 전 문학과의 인연을 엿보기 위해서였는지도 모릅니다. 물론 성백술 시인에게는 송은숙 시인에게 전화했다 말하지 않았습니다. 숙소에서 울산, 양산 문학인들과의 교류 때 자연스런 해후로 깜짝 놀라게 해주고 싶었기 때문입니다.

이른 아침부터 운전하며 바삐 움직인 탓에 피곤함이 몰려왔습니다. 그래도 삼겹살을 굽고 술이 몇 잔 돌자 기운이 정상을 찾아갈 때였습니다. 이연옥 관장이 찾아오고, 곧이어 송은숙 시인이 자리를 같이했습니다. 송 시인과 반갑게 인사를 할 즈음 삼겹살을 굽던 성백술 시인이 예기치 않은 손님으로 어리둥절하였는데요. 30여 년 넘어 만났으니 그럴 만도 하겠지요. 나도 문청 시절 그들을 만나지 못한 게 많이 아쉬웠습니다. 그러나 바로 지금 문학으로 여기 한자리에 있다는 것만으로도 덩달아 행복했습니다. 밤이 늦도록 대취해 어찌 잠자리에 들었는지 기억 없이 아침을 맞았습니다.

다음 날 눈을 뜨자마자 통도사를 향해 걸었습니다. 80년대 들렀던 절이 어찌 변했나 궁금하기도 하고, 술도 깰 겸 천천히 아기 걸음으로 발자국을 옮겼습니다. 절로 가는 길은 어느 절이나 마찬가지로 고요하기 이를 데 없어 여기 또한 그러했습니다. 그리고 30여 전 한겨울, 그때 그 시절 나를 돌아보며 나는 지금 어디를 가고 있는가 물었습니다. 통도사는 '도시보다 자연, 도시인보다 자연적인 인간'의 가치에 대해 넌지시 알려주는 것 같았습니다. 한여름으로 들어서는 여여산방, 텃밭의 호박꽃과 가지꽃과 고추꽃과 오이꽃도 그러하겠지요.

지혜의 바다로 가는 자여

　지난 9월 중순 네팔을 다녀왔습니다. 2015년 한겨울 판화가 김준권 형과 심양·천진·산해관·단둥·백두산 등 일주일여 중국 여행 이후 이런저런 연유로 꼼짝 못하다가 만 3년 만에 해외여행이다 보니 첫 해외 나들이처럼 들떴습니다. 더구나 오래전부터 가보고 싶었던 나라 네팔을 평소 존경하며 따르던 시인 나해철 형과 함께할 수 있어서 얼마나 좋았겠는지요.
　산방을 떠나기 전 작은 연못의 수련에게 인사를 올렸습니다. 당신의 나라에 여행을 하면서 모든 걸 내려놓고 지혜의 바다로 나아가는 공부를 하고 올 테니 그동안 여여생생하시라. 공항에 도착하자마자 나해철 시인을 찾았는데요. 그는 먼저 도착해 출국 절차를 마쳤다며 여유롭게 반겨주었습니다.
　나해철 시인과의 인연은 1989년으로 거슬러 올라갑니다. 민예총 시절 나는 작가회의 자유실천위원회 대외협렵국 간사를 맡았습니다. 그때는 시국이 그런지라 마포 작가회의는 밤샘 농성이 자주 있었고, 거리 시위가 많았지요. 그리고 수련회를 비롯해 시집 합평회 등 하루가 멀다 하고 저녁이면 자리를 같이했습니다. 그때 빠지지 않고 참가했던 문인 중 나해철 시인이 있었습니다.

모두가 어렵고 곤궁하던 시절 형님은 술자리 술값은 물론 후배 시인들의 교통비까지 챙겨주실 때가 많았습니다. 낙향 이후 자주 만나지는 못했지만 마음만은 항상 같이했었지요.

나해철 시인은 의사 시인으로 1982년 동아일보 신춘문예를 통해 등단하였습니다. 그리고 1981년 김진경 · 박상태 · 나종영 · 이영진 · 박주관 · 곽재구 시인 등이 창간한 '오월시' 무크지에 이듬해인 2집부터 참여하고, 1984년 첫 시집 『無等에 올라』(창작과비평사, 1984)를 펴냈습니다. 문청 당시 나는 그의 첫 시집과 '오월시' 무크지 판화로 표지화된 『나는 절망을 노래할 수 없다』 등이 시편 등을 통해 부조리한 사회의 현실을 확실하게 인식할 수 있었습니다. 나해철 시인과의 첫 인연은 정확하지는 않지만 1986년 '그림마당 민'에서 열린 '오월시' 판화시집 출판기념회가 아닐까 생각합니다.

내 사랑하는 사람이 살았던 철로 가에는
지금은 누가 살고 있을까
건빵처럼 꼬막처럼 기울어진 대문으로
낮게낮게 모여 사는
천변을 돌아
분뇨수거 수레도 몇 대 놓인 학교 뒷담길을
올라
지붕이 야트막한 그 집엔 지금은
어떤 사랑이 이루어지고 있을까
무화과 한 그루와
뚜껑 달린 우물의 마당을 전부 내보이고

우리를 위한 콩깍지의 골방도 갖고 있던 그 집은,

그러나 작고 낮은 만큼

무등산이 눈썹처럼 가깝고

푸르른 하늘은 더 크고

사랑도 아침 꽃송이와 같던 그 집

지금은 어떤 살붙이들이

가난을 아름답게 다독이며 거느리며

살고 있을까.

—나해철, 「눈썹처럼 가깝고」 전문

이 시는 나해철 시인의 첫 시집 『無等에 올라』(창작과비평사, 1984)에 수록된 것으로 그의 삶의 양식과 시적 태도를 명징하게 이해할 수 있는 시편 중 하나입니다. 이 시집의 「발문」에서 곽재구 시인은 "나해철 시가 우리 가슴에 와 닿는 것은 그 천진스러운 맑음과 정직함의 힘에 기인한다."면서 그것은 "그가 생래적인 시인의 가슴을 지녔다는 것이다."에서 알 수 있듯이 "가난을 아름답게 다독이며 거느리"고 있다 할 수 있겠지요. 그런 나해철 시인을 어찌 형님이라 부르지 않을 수 있겠는지요.

인천공항을 출발한 비행기는 오후 늦게 카트만두에 도착하였습니다. 공항에서 행사장으로 가는 내내 빗속에서도 여성들이 붉은 옷을 입고 춤추는 장면을 곳곳에서 볼 수 있었습니다. 행사장에 도착하니 흥겹게 춤을 추고 노래하는 풍경이 우리나라 70년대 잔칫날과 다름없어 보였습니다. 먼저 카다라는 스카프를 목에 걸어주고 또한 말라하라는 꽃목걸이를 목에 걸면서 나마스테! 네팔에 온 걸 실감할 수 있었습니다. 그런데 배는 고픈데 음식은 나오지 않고 인사와 소개 등 한두 시간이 흐르면서 금강산도 식후경 생각이 간절해졌습니다.

늦은 저녁을 네팔식 전통음식 달밧으로 허기를 면하고 바로 숙소로 들었습니다. 대문을 들어서는 순간 또한 스카프를 목에 걸어주면서 나마스테! 숙소는 호텔이 아닌 일반 가정 주택처럼 보이는 명상센터가 주택가에 있었습니다. 이번 여행이 네팔을 제대로 공부하고 이해하는 여행이 되겠구나 생각하면서 잠자리에 들었지만 잠을 이룰 수 없었습니다. 나해철 시인은 일 년에 단 한 번 여행인데 이런 곳에서 숙식을 하며 견딜 수 있을까 내심 걱정하는 것 같았습니다. 더구나 목욕탕과 화장실이 숙소 밖에 있으니 볼일을 볼 때마다 불편한 게 많을 것 같았습니다. 그래도 우리는 네팔을 제대로 이해하는 좋은 기회라 여기고 서로를 다독이며 하룻밤을 보내고 네팔에서의 첫 아침을 맞았습니다.

룸비니로 출발하기 전 일찍 숙소에서 나와 골목을 돌아보며 꽃과 풍경을 사진에 담았습니다. 그리고 집집마다 꽃과 쌀이 놓인 제단에 촛불을 켜고 기도하는 의식을 지켜보면서 나도 모르게 합장한 채 절로 고개가 숙여졌습니다. 그때 나해철 시인은 반대편 골목에서 사진을 찍으면서 "뭐래도 먹어야 하지 않겠나." 해 작은 카페로 들어가 찌아라는 밀크티를 시켜 마신 후 바로 봉고차에 올랐습니다.

룸비니까지 7시간여 소요될 거라는 주최 측 안내가 있었습니다. 우리가 탄 봉고차는 신호등 없는 시내를 오토바이와 뚝뚝이, 택시, 버스, 트럭 등과 한데 어우러져 앞서거니 뒤서거니 하면서 거북이걸음으로 달렸습니다. 시내를 벗어나 얼마를 달려야 꿈에 그리던 룸비니에 닿을 수 있을까요. 고생을 사서 한다는 말이 있지만 부처님 뵈러 가는 길이니 7시간 뭐 대수냐 하며 마냥 좋다 위안을 삼았지요.

우리가 탄 봉고차는 산길로 접어들면서 아름다운 풍경을 계속 선사했습니다. 산과 산 사이 강물이 흐르고 산자락마다 작은 마을이 차창 밖으로 수없이 지나갔습니다. 그리고 손바닥만 한 다락논과 비탈진 밭이 수묵화처럼 펼쳐졌는데요. 지진(2015년)이 언제 일어났느냐는 듯이 모든 게 평화로워 보였습니다.

또 얼마를 갔을까요. 산과 산 사이 협곡을 지나 마을이 보이면 아, 거기 사람이 살고 있구나, 하며 감탄을 자아낼 즈음 차가 멈춰 섰습니다. 달팽이걸음이라도 갈 수 있으면 좋으련만 아예 옴짝달싹하지 못했습니다. 그래도 오늘 안으로 룸비니에 도착하겠지 희망을 놓지 않은 채 주변 풍경을 마음에 담았습니다. 산마을 앞 점방에서 바나나를 사 먹고 텃밭의 참깨밭 등의 농정을 바라보면서 행복했지요. 과거 우리네 농촌 풍경과 어쩌면 그렇게 닮았는지요.

그러나 어둠이 짙게 깔리면서 불길한 생각이 들기 시작했습니다. 산사태로 길이 끊겨 룸비니로 가는 걸 포기하고 포카라로 가야 할 것 같다는 거였습니다. 그래도 막힌 길이 뚫려 포카라라도 갈 수 있으면 좋겠다 기도했습니다. 그것도 이 도로를 벗어나야만 가능하다는 거였는데요. 그때 반딧불이가 어둔 밤하늘을 수놓고 있었습니다. "형 반딧불이여" 손전화기에 담을 수 없는 것이 안타까웠습니다. 그러나 반딧불이의 감탄도 잠깐, 어떻게든 빨리 이 상황을 벗어나고 싶었습니다.

나해철 시인과 나는 더 이상 이 밤에 포카라를 가는 건 불가능하다는 결론을 내렸습니다. 길이 언제 뚫릴지 아무런 정보도 없었기 때문입니다. 그럴 바에는 민가라도 찾아 밥과 잠자리를 구해야 한다고 생각했습니다. 저녁 시간이 한참 지난 후라 배는 고파 오고 몸은 천근만근 축축 처졌습니다. 그러나 모든 게 여의치 않아 애만 탔습니다. 결국 1시간여 동안 또 차 안에 갇혀 있다가 가까스로 식당을 찾았습니다. 그리고 열악하기는 하지만 몸을 뉘일 수 있는 방도 잡을 수 있었지요.

술을 마시지 않으면 도저히 잠을 이룰 수 없을 것 같았습니다. 네팔 위스키 8848을 마셨는데도 마찬가지였습니다. 지난밤도 뜬눈으로 지새웠는데요. 잠자리가 바뀐 탓이 크겠지요. 우리 숙소에 운전기사가 먼저 잠을 자고 있었습니다. 사정이 사정인 만큼 모든 것을 이해할 수밖에 없었습니다.

  세수도 하지 못한 채 양치질만 하고 이른 새벽 주최 측을 깨워 포카라 행을 강행했습니다. 가는 도중 반디푸르를 들렀습니다. 운무에 가린 언덕을 한참 달려 도착한 마을은 고요하면서도 아늑하였습니다. 아마도 구릉체 언덕이 아니었을까 추측합니다. 발 딛는 곳마다 부처의 마음을 닮았는지 어제의 악몽이 말끔하게 사라지는 듯했습니다. 거기에는 순박한 생활 방식이 한몫하고 있었는데요. 대문과 가축우리와 주방 등을 들여다보면서 옛날을 돌아보는 즐거움을 만끽하며 어릴 적 고향 집을 생각했습니다.

반디푸르에 도착해 골목을 걷다 간단하게 아침 식사를 했습니다. 이른 시간이라 밥 짓는 동안 일행이 가져온 컵라면을 나눠 먹었습니다. 식당은 전통 양식의 게스트하우스로 인상적이었습니다. 거리에서 만나는 사람마다 나마스테! 개도 따라 함께 나마스테! 평화로운 반디푸르였습니다. 마음 같아서는 하룻밤 머무르며 처처를 구경하고 싶었지만 우리는 포카라로 향해 봉고차에 올랐습니다.

포카라 도착해 숙소에 여장을 풀고 늦은 점심으로 나해철 시인과 버팔로만두와 티벳뚝바로 점심을 하고 있을 즈음 김정란 시인이 중국 식당에 들러 점심을 했는지 도미와 볶음밥을 사와 모처럼 푸짐한 식사를 했습니다. 문예진 시인은 지친 피로를 풀기 위해 안마를 하러 갔다가 뒤늦게 합류해 함께 커피까지 마셨는데요. 여행의 참다운 맛이 이런 게 아닐까 생각했습니다. 그러나 곧바로 식단을 정리하고 포카라호수로 자리를 옮겼습니다.

우리는 포카라호수라 불렀지만 그곳의 정식 명칭은 폐화호수였습니다. 작은 배를 타고 호수 속의 작은 섬에 내려 한두 시간 머무르면서 2박 3일 동안 숨 가쁘게 달려온 여정을 물속에 수장했습니다. 그리고 그들처럼 평화롭게 사원을 돌며 내 속에서 여여한 여행이 되어주길 간절하게 기도하였습니다. 날씨가 좋은 날은 여기에서도 히말라야 설산을 볼 수 있는 곳이라 했는데요. 일기 탓으로 히말라야는 볼 수 없었지만 내일을 기약하며 발걸음을 돌렸습니다.

포카라에서 저녁은 우리들끼리 시내 여행을 하며 정겨운 시간을 보내는 것으로 알고 있었습니다. 그러나 우리가 탄 봉고차는 포카라 시내가 아닌 첩첩산중으로 들어서는 거였습니다. 네팔에서 동행한 주최 측 지인의 집에서 저녁을 한다는 거였습니다. 거진 한 시간여 달려 도착한 곳은 반딧불이가 앞마당에도 날아다니는 작은 산골마을이었습니다. 이런 오지에서 저녁을 하리라는 걸 꿈에도 생각지 못했습니다. 폐를 끼치는 것 같아 좌불안석이었는데요. 외국에서 온 손님을 위해 금기로 여기는 돼지고기까지 내놓는 순박한 마음을 오래오래 잊지 못할 것 같았습니다. 나마스테, 연신 고개를 숙였습니다. 내일 아침은 비와 구름이 지나가고 히말라야 설산을 볼 수 있기만을 소망하며 늦은 잠자리에 들었습니다.

이른 새벽 어둠이 가시기도 전 아침 숙소를 나와 포카라 거리를 걸었습니다. 여기저기 호텔 앞에서 외국인들이 택시를 타거나 버스를 타고 어딘가를 향하고 있었습니다. 그때 나해철 시인은 발 빠르게 해돋이와 히말라야를 볼 수 있는 곳을 여행객과 현지인을 통해 알아보고 달려왔습니다. 사랑곳이었습니다. 사실 이번 여행은 막가식이라 할 수 있습니다. 주최 측만 믿고 아무런 정보도 없이 네팔에 온 게 우리들의 큰 실수로 누구를 탓할 수도 없습니다. 우리는 단순하게 어제 들렀던 폐화호수로 다시 가서 해돋이와 히말라야를 봐야겠다고만 생각했으니까요.

사랑곳은 해발 1,600미터로 포카라에서 가까운 곳에 있었습니다. 택시를 타고 가는 동안 운무와 구름이 걷히기만을 간절하게 기도했습니다. 나해철 시인은 설령 일기로 인해 해돋이와 히말라야를 보지 못한다 해도 그 과정은 아름답지 않겠냐 하였습니다.

사랑곳 정상에 오른 지 얼마 지나지 않아서 구름이 걷히고 붉은 해가 솟구쳤습니다. 그리고 또 얼마 지나지 않아 하늘 속에 설산이 하나둘 형상을 드러내기 시작했는데요. 그 감동을 어찌 말로 표현할 수 있겠는지요. 백두산을 한여름과 한겨울 각각 오를 때마다 천지를 볼 수 있었던 것과 같이 단 한 번에 히말라야를 이토록 명징하게 바라보는 행운을 얻은 것만으로도 복이 터졌다 환호했지요. 나는 바로 페북에 "하늘과 구름과 산이 떠 있다. 여기가 어디인

가. 하늘 속의 설산이 아니라 설산 속에 하늘이 열린다." 그 감동을 사진과 함께 전했는데요. 누구는 3대의 덕을 쌓아야 히말라야를 볼 수 있다는데 하며 부러워하기도 했습니다.

> 하늘이/하늘을 보여주시다/간밤 꿈에/죄인으로 크게 고통받게 하시더니/그만하면 됐다 여기셨는지/가득한 구름을 걷우고/하늘의 마을을/보여주시다/선하게/열심히 살다 보면/여기에 가까이 올 수도 있지않겠냐고/하늘 가운데에/둥실/꽃같이/피어오른/커다랗고/드높고/아득한/영혼의 삶을 보여주시다
>
> ─나해철, 「하늘산 앞에서」 전문

나해철 시인은 네팔 여행 내내 시를 써 페북에 올렸습니다. 하루 한 편의 시를 써 페북에 올리기 시작한 것은 아주 오래되었는데요. 그것은 세월호 사건을 계기로 연작 세월호 규명시를 페북에 게시하면서 시작되었다 합니다. 그리고 "304분들께 304편의 시를 바"치기도 했는데요. 바로 『영원한 죄 영원한 슬픔』(문학과행동, 2016)이 그것입니다. 그는 이 시집의 「후기」에서 "아직도 확실하게 규명되고 있지 않는, 참사의 진상이 빠른 시간 내에 올바르게 낱낱이 밝혀지기를 원"한다면서 "영가들과 유가족들의 해원되는 날이 부디 이른 시기에 찾아오기를 기도하고 기도"하면서 "우리에게 평화와 평안의 날이 곧 왔으면 좋겠"다고 밝힌 바 있습니다.

위 시도 그 연장선에 있다고 할 수 있을 것 같습니다. "하늘의 마을"이 곧 평화와 평안의 날이 아니겠는지요. "간밤 꿈에/죄인으로 크게 고통받"던 악몽도 깨끗이 떨치고 "꽃같이 피어오른/커다랗고/드높고/아득한/영혼의 삶을" 얻을 수 있었던 것도 그가 얼마나 아름다운 삶을 지향하고 있는지 가늠할 수 있

습니다. 그는 여행하는 동안 시시각각 시 쓰기를 멈추지 않았습니다. 스스로 지면을 얻어 작품을 발표하기보다는 그런 지면은 후배들에게 양보하고 자신은 페북을 통해 소박하게 시 쓰는 것이 좋다 합니다. 우리 시단에 선배 시인으로 형님이라 부르며 따를 수 있는 나해철 시인이 있어 우리는 얼마나 행복한가요.

히말라야 트레킹은 누구나 꿈꾸는 여정입니다. 그러나 우리는 히말라야 트레킹을 하기 위해 네팔에 온 것이 아니기에 사랑곶에서 히말라야를 볼 수 있다는 것만으로도 얼마나 행복했는지 모릅니다.

포카라에서 룸비니 가는 길도 만만치 않았습니다. 가면서 몇 번이나 쉬고 점심을 길가 식당에서 하고 또 얼마를 달렸을까요. 가도 가도 첩첩산중 그런 산길은 생전 처음입니다. 그런데 네팔 사람들은 해발 2,500미터 내외의 산 정도는 언덕이라 부른다는데요. 가는 도중 길 아래 낭떠러지 저 산에도 사람이 살고 있었습니다.

룸비니를 두어 시간 앞에 두고 큰비를 만났습니다. 도로 바닥은 비포장도로라 엉망이 되었습니다. 산자락을 타고 내려오는 빗물은 금방이라도 봉고차를 집어삼킬 태세였고요. 길 아래로는 협곡을 타고 흐르는 물줄기가 우리를 숨도 못 쉬게 했습니다. 그 순간 앞서가던 차가 멈춰 섰습니다. 아니나 다를까요. 우리 차가 멈춰 선 데서 불과 100여 미터 앞에서 큰 산사태가 난 것입니다. 그리고 두어 시간이 흘렀을까요. 장비가 들어와 산사태로 쓰러진 큰 나무와 집채만 한 바위와 흙더미를 치우고서야 차들이 움직이기 시작하였습니다. 어둠이 몰려오기 전 현장을 빠져나올 수 있어 다행이라면서도 부처님을 만나러 가는데 이깟 것 뭐 별거냐며 호탕하게 웃으면서도 마음이 편치 않았습니다.

룸비니에 도착하기 전 우리 일행은 내일의 여정을 걱정해야만 했습니다. 룸비니에서 카트만두까지 이 차로 가다가 또 산사태를 만나지 말라는 법이 없으니 말입니다. 고민 끝에 일행은 우리 돈이라도 들여 비행기를 타고 가야겠다며 서로 의견을 모았습니다. 어둠이 짙게 내린 후에야 룸비니에 도착한 후 숙소를 정하고 주최 측에 우리의 의사를 조심스럽게 전달했습니다.

다음 날 아침 주최 측과 헤어져 택시로 부처님 탄생지를 찾았습니다. 전날 하루 종일 도로에 시달린 탓에 몸은 고되었지만 마음은 지혜의 바다로 들어서는 것처럼 가벼웠습니다. 부처님의 태 자리와 아쇼카 석주 등을 만나기 위해 신발을 벗어놓고 경건한 마음으로 싯다르타 석가모니 탄생지를 돌아보았습니다. 그리고 룸비니 동산 내 지어진 각 나라의 사찰을 찾았는데요. 그중 우리의 시선을 사로잡는 건 당연 우리나라 스님이 지었다는 '대성석가사'였습니다. 그곳에서 차를 얻어 마시고 쉬면서 한나절의 짧은 여정이지만 부처님의 땅을 밟았다는 데 의미를 둔 채 카트만두로 가는 경비행기에 올랐습니다.

카트만두까지 가는 데는 불과 35분밖에 걸리지 않았습니다. 카트만두 공항에 내려 먼저 타멜을 찾았는데요. 우리는 몇 시간 뒤 만날 약속 장소를 정하고 자유의 시간을 누렸습니다. 카페에 들어가 커피를 마시고 맥주도 한 잔했습니다. 아내가 부탁한 식탁보는 네팔의 마지막 여정이 타멜 시장이니 그날 사기로 하고 여유하게 발품을 팔며 처처를 구경했습니다. 그리고 저녁 식사는 한국인이 운영하는 식당에 들러 입맛에 맞는 음식을 골라 먹었습니다.

이른 아침 출발한 주최 측은 아직도 카트만두에 도착하지 못한 채 도로 위에 있다고 했습니다. 우리만 편하자고 봉고차를 타지 않고 비행기를 탄 것에 대해 미안함이 일었습니다.

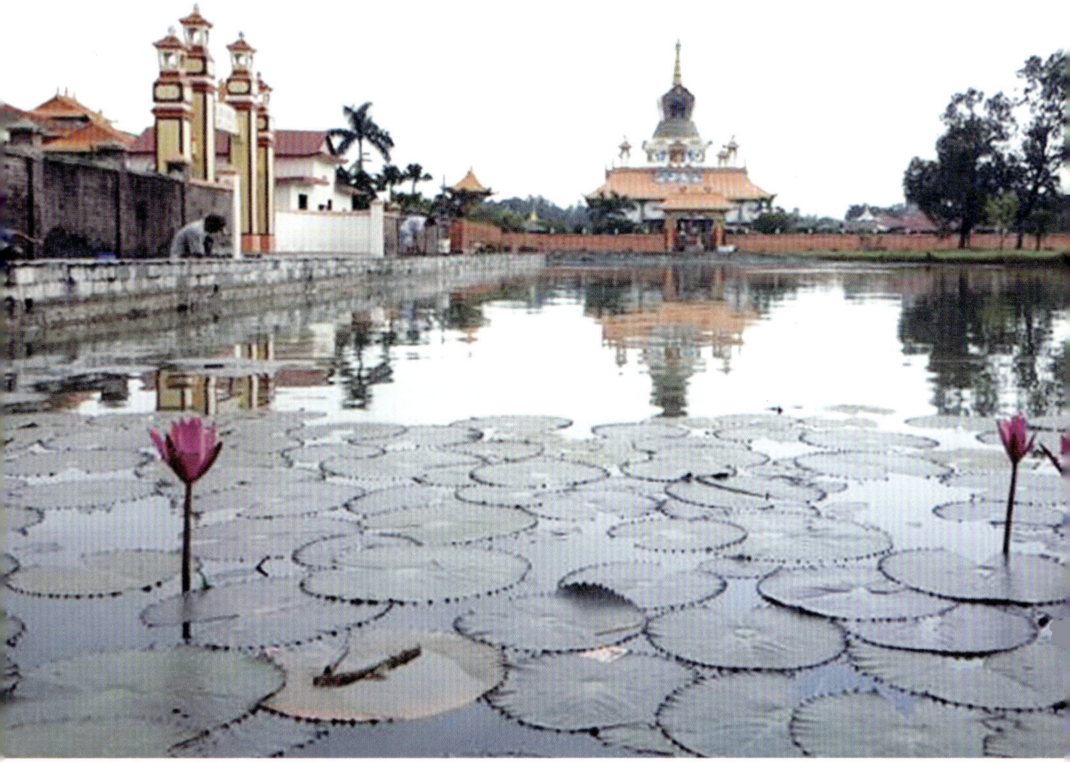

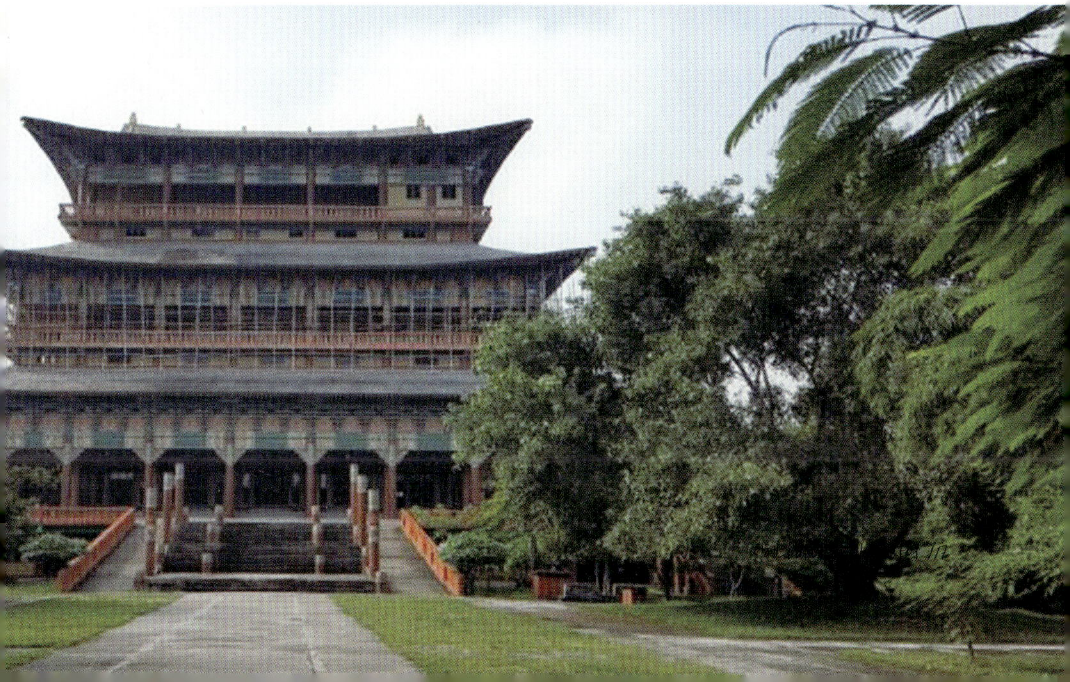

숙소에 도착해 짐을 풀고 골목 기행을 시작했습니다. 갖가지 과일과 채소와 식육점이 즐비한데 신기하게도 술집은 보이지 않았습니다. 나해철 시인은 "이 동네는 술 파는 가게는 많은데…… 어따 커피숍과 술집이 하나 안 보이고만" 하고는 일행과 함께 과일가게 앞에 앉아 정겨운 덕담을 나누고 있을 때 나는 이 골목 저 골목 기웃대며 결국 한 군데 술집을 찾았습니다. 가정집 한켠에 간이 천막을 이어 만든 우리식 포장마차처럼 보였는데요. 한 가족이 운영하는 술집 주인은 얼마나 반갑게 우리를 반겨주는지 아마도 외국인이 이 술집을 찾은 건 우리가 처음 같았습니다. 그들은 손전화로 사진을 찍어 주기도 하고 손뼉 치며 노래를 불러주면서 우리를 기쁘게 해주었습니다. 특히 주인의 아들내미는 온갖 것을 맛보라며 갖다주기도 했는데요. '사람이 꽃보다 아름답다'란 게 이런 거구나 싶었습니다.

다음 날 오전 네팔의 국가 시인 '마덮 뿌라싸드 기미레'를 만났습니다. 연세가 100세로 2003년 네팔 정부로부터 국가 시인으로 공식 호칭을 받았다고 합니다. 언어가 짧아 그의 시 세계를 읽어내지 못하지만 그의 눈빛을 통해 그가 얼마나 훌륭한 시인일까 짐작이 가고도 남았습니다. 그러면서 우리나라도 저토록 100세까지 시를 쓰며 존경받는 시인이 있었으면 좋겠다 생각했습니다. 그리고 한국에서 시집 『누군가 말해 달라 이 생의 비밀을』(문학의숲, 2013)을 출간한 네팔 민중 시인 두르가 랄 쉬레스타를 만날 수 있길 내심 소망했지만 입국 후 그의 시집을 다시 읽는 것으로 대신하고자 마음을 접었습니다. 이날 오후는 히말라야 트레킹을 하고 뒤늦게 합류한 이철경 시인과 단란한 시간을 보내고 숙소에 들었습니다.

네팔은 몇 년 전 대지진으로 많은 것을 잃은 나라입니다. 문화재도 지진을 피해갈 수 없었는데요. 가는 곳마다 그때의 상흔이 그대로 가슴에 와 닿았습

니다. 첫 번째 방문지 더르바르 광장 처처의 건물들은 붕괴되거나 금방 붕괴될 것처럼 보였습니다. 특히 네팔 여신 쿠마리 사원은 잠깐 머물기에도 큰 위험으로 느껴질 정도였습니다. 지진의 여파가 어느 정도인지 짐작이 가고도 남을 것입니다. 그래도 우리는 이곳저곳 들르면서 네팔의 왕궁을 두루 구경할 수 있었는데 우리의 궁전과는 달리 신의 사원처럼 보였습니다. 더르바르 광장 다음 파슈파티나트 사원단지로 발걸음을 옮겼습니다.

파슈파티나트 사원단지는 네팔 힌두교의 총 본산의 위상을 드러내듯 사람들로 북새통을 이루고 있었습니다. 그들은 한 손에 꽃을 든 채 신을 숭배하기 위해 사원 내를 맨발로 걷고 있었습니다. 우리도 신발을 벗고 들어가야 하나 두리번거렸는데요. 외국인은 모두 신발을 신고 있어 다행이라 여겼습니다. 파슈파티나트 힌두 사원은 외국인은 들어갈 수 없어 바로 옆 화장터로 갔습니다. 이곳 화장터 앞을 흐르는 작은 강은 인도 갠지스강의 발원지로 바그마티강이라 하는데요. 네팔인들은 인도 바라나시와 같은 성령의 강으로 여기며 이 강에서 몸을 씻는 것을 가장 영예스럽게 여긴다지요. 그리고 죽어서 화장되어 재가 뿌려지기를 소원한다 합니다. 우리가 찾았을 때에도 서너 구의 시신이 화장되고 있었습니다. 화장터 아래에는 어린아이 서너 명이 멱을 감고 있었습니다. 생과 사가 한 몸을 이루는 파슈파티나트 사원 내 화장터, 그들은 죽어서도 죽지 않는 강물로 다시 살아 흘러가는지요.

원숭이 사원이라 불리는 스와얌부나트 사원은 어둠이 깔린 후 찾아가게 되었습니다. 어둠 속에서 많은 원숭이들을 볼 수 있었습니다. 잠자리에 들 시간 낯선 이방인의 방문이 탐탁지 않은 듯 괴성을 지르며 이리저리 날뛰었습니다. 원숭이를 뒤로하고 올라간 언덕의 사원 앞에는 개들이 장사진을 치고 있었는데요. 우리는 원숭이 사원 대신 '개 사원, 도그 사원'이라 불러야 하는 게 아니냐며 농담을 주고받으면서 카트만두 야경을 즐겼습니다.

여행 마지막 날 네팔 불교의 총 본산 보다나트 사원을 들렀습니다. 네팔에서 이곳 주변으로는 티베트 사람들이 가장 많이 살고 있다고 합니다. 상가와 민가가 한 살림을 이루면서도 종교적 색채를 그대로 보여주고 있었습니다. 나도 마니차를 돌리면서 앞으로 나아가는데 내 몸속에서 마치 옴마니 반메옴, 달이 든다, 달이 구르는 것처럼 꿈의 동산, 신의 나라에서 마지막 여정이 마냥 기쁘고 행복했습니다. 그리고 바로 랄릿푸르(파탄) 왕국을 들른 후 타멜 거리를 찾았는데요, 거기서 식구가 부탁한 식탁보 등을 구입한 후 곧바로 카트만두 공항으로 향했습니다.

이번 네팔 여행은 많은 것을 배우는 계기가 되었습니다. 사람과 사람 사이도 그렇지만 종교와 신에 대해서도 그렇습니다. 우리 속에 또 다른 우리가 있듯이 네팔 속에 또 다른 네팔이 존재한다는 것을 공부할 수 있었습니다. 언제 또 이 나라를 여행할 수 있을까요.

나해철 시인은 카트만두 공항에서 페북에서 올린 시 「네팔 안녕」에서 "불행할 틈도 없고/슬퍼할 겨를도 없이/직벽 같은 고산도/벌집 같은 도회도/자연스러운 삶터"라 노래하면서 후기에 "여러 가지 처음 겪는 일의 연속"이었지만 "내일부터는 우리나라에서 남북 평화를 위한 시를 쓰겠"다 소회를 밝혔지요. 나는 이 게시물에 "형님과 함께한 네팔, 자연·생명·평화·시가 어우러진 여여생생 넘 좋았어요" 댓글을 달았지요. 나마스테!

만 3년 만에 나선 해외여행, 네팔로 가는 길이 지혜의 바다로 나아가는 공부가 되었는지 스스로 묻고 답합니다. 분명한 것은 여행을 통해 모든 걸 내려놓아야 충만한 삶을 얻을 수 있다는 걸 다시 배울 수 있었습니다.

아흐레 만에 찾은 여여산방, 코스모스와 간지럼나무가 환하게 맞아주면서 '여기가 부처의 나라여, 어디 다녀오는겨' 하는 것 같았습니다. 다음 주면 꽃무릇과 구절초도 피기 시작할 것입니다. 또 꽃이 피고 지는 동안 평양 정상회담이 열리겠지요.

꽃 봐라! 꽃! 이보다 더 아름다운 꽃이 어디 있으랴. 남북이 하나 되는 날, 또다시 나해철 시인 형님과 지혜의 바다로 가는 여행 너머 금강산, 백두산까지 평화로 가는 여행을 하고 싶습니다.

평화의 나라, 베트남

하노이 북미회담을 10여 일 앞두고 뜻하지 않게 베트남 하노이를 다녀오게 되었습니다. 한겨울 가족과 함께 아주 오랜만에 해외여행을 계획했는데 서로 일정이 맞지 않아 아쉬움이 컸을 때였습니다. 페이스북을 보다가 김태수 시인이 올려놓은 2월 15일부터 일주일 동안 베트남 하노이에서 개최되는 '베트남 국제작가 및 시인대회'를 알게 되었습니다. "이런 자리가 있네요. 저도 따라가면 안 되나요?" 슬며시 같이 가고 싶은 마음을 댓글로 달았습니다. 윤중목 시인은 나의 마음을 읽었는지 "나중 같이 가자"며 위로했습니다. 김태수 시인은 "양 시인, 꼭 혼자 가는 것 같아 미안하기 그지없습니다" 했지요. 김태수 시인을 통해 행사 관련 책임자가 하재홍 문학평론가임을 알았습니다. 그 이후 페북에서 하재홍 문학평론가가 올린 행사 관련 소식에 "행사 잘하고 오세요. 다음 기회 같이할 수 있길 소망합니다" 인사를 올렸습니다.

㈜실천문학 시절 베트남을 다녀온 적이 있습니다. 아마도 1997년으로 기억되는데요. 그 당시 '베트남을이해하려는젊은작가들의모임' 등을 통해 베트남 전쟁 관련 파병 등 제 문제에 대한 반성과 함께 참회와 이해를 위한 공부가

시작되던 때이기도 했습니다. 때마침 '실천문학'에서 베트남 관련 소설도 출간되고 베트남 문화기행 분위기가 자연스럽게 형성되었습니다. 민영, 양성우, 도종환 시인을 비롯해 박범신, 김영현, 전성태 소설가 그리고 이성욱, 방민호 문학평론가, 전유성 개그맨 등 많은 문화예술인이 함께했습니다. 호찌민시에서 전쟁과 관련된 구찌터널, 전쟁박물관 등을 돌아본 후 한국군 참가 전투 지역을 따라 나트랑까지 갔습니다. 물론 사이공강, 벤탄시장, 메콩강, 불교 사원 등 많은 유적지도 여행하였지요. 그런데 이방인의 눈에는 베트남 전쟁의 참혹한 상흔은 찾아볼 수 없었는데요. 베트남 국민들은 느리게 살면서도 평화롭고 아름답기만 했습니다. 무엇보다 자본화되지 않은 자연 그대로의 풍요로운 삶을 살고 있는 것 같아 여행 내내 즐겁고 행복했던 기억이었습니다.

하재홍 문학평론가로부터 페북 메시지를 통해 베트남국제작가대회에 합류할 수 있다는 연락을 받은 것은 행사가 시작되기 3일 전이었습니다. "자료집이나 이름표 제작이 다 완료되었지만, 참관 자격으로 참석 가능합니다. 이름표야 임시 이름표를 사용하셔도 되구요. 행사가 깔끔하게 진행되지는 않습니다."와 함께 베트남국제작가대회는 3~4년마다 한 번 열리고, 한국—베트남 작가 교류 행사는 1년에 최소 한 차례 열린다는 것도 곁들였습니다. 그러면서 좀 더 깊은 교류를 원하면, 다음 기회에 와도 좋다면서도 분위기를 익히는 정도의 교류라면 이번에 참가해도 좋다는 것이었지요. 또한 이번 자료집에 작품이 실리지는 못하지만, 다른 작가분들 역시 1편 정도밖에 실리지 않았다는 것도 주지하며 어차피 별 차이는 없다는 것을 강조했습니다. 그러면서 "편하신 대로 결정하시면 됩니다." 했지요. 메일을 읽자마자 바로 참가하겠다고 답을 넣었습니다. 그리고 항공편을 알아봤는데요. 늦게 알게 되었지만 이 행사에 구모룡, 김재용 문학평론가를 비롯 한성례, 고찬규 시인이 참가하기로 되어 있었다는데요. 사정상 참가하지 못하게 되어 나를 비롯한 몇 분이 그 대신 참여할 행운을 얻은 게 아닌가 생각합니다.

　　갑자기 얻어진 여행이라 떠나기 전 서둘러 처리해야 할 일이 많았습니다. 일행과 함께 15일 오전 비행기로 출발하기 위해 노력했지만 항공편도 여의치 않고 해서 부득이 17일 늦은 오후 항공권을 예약했습니다.

　　다시 베트남을 가기로 한 날 오래된 사진을 꺼내어 보았습니다. 그 당시 월간 『샘터』에 베트남 여행기까지 썼는데도 어떤 코스로 여행했는지 기억이 가물가물했습니다. 그 잡지만 다시 찾아 읽으면 방문지와 그와 얽힌 이야기들이 좀 떠오를 수도 있겠다는 생각을 했습니다. 그래도 시클로를 타고 사이공 시내를 돌아다니면서 사람살이의 정경과 풍광을 보면서 오래전 우리네 삶을 들여다보는 것 같아 마음 편했던 기억은 아직도 생생합니다. 그리고 방민호 문학평론가와 찍은 사진이 유독 많은데요. 아마도 여행 기간 내내 같은 방을 쓰며 함께 움직일 때가 많았기 때문이겠지요. 특히 그와는 일정에 없는 골목과 시장을 찾아 즐길 때가 종종 있었습니다.

그중에 잊지 못할 추억 가운데 쌀국수가 있습니다. 어느 상가 골목 기행을 하다가 허름한 식당 좌판에 둘러앉아 쌀국수를 먹는 풍경이 정겨워 쌀국수를 시켜 먹었습니다. 아뿔싸 입안에 한 젓가락 집어넣는 순간 무슨 냄새와 맛이 그리 고약하던지 한입 제대로 먹어 보지 못한 채 식당을 나왔지요. 새로운 세기가 시작되고 두 번째 베트남 하노이를 여행했을 때에도 쌀국수는 먹지 않았는데요. 이번에 베트남을 가게 되면 쌀국수 맛이 어떠한지 꼭 먹어봐야지 생각하며 웃었습니다.

이번 베트남 여행은 방민호 문학평론가를 비롯해 김남일, 조용호, 방현석, 이대환 소설가와 최동호, 김태수, 김영산, 이대흠 시인 등 평소 가까이 지내고 있는 문인들과 함께했습니다. 특히 방민호 문학평론가와 두 번째 베트남 여행을 함께할 수 있다니 그 자체가 더없이 기뻤습니다. 그리고 지면으로만 만났던 김이정, 부희령, 박형숙 소설가를 비롯 김구슬, 이인평, 나병춘, 김선향, 이민숙, 이소연 시인 등과 인사를 나눌 수 있다는 것만으로도 엄청난 행운이었습니다.

김태수 시인과 하노이공항에 도착한 것은 17일 오후 23시 10분이었습니다. 숙소에 짐을 내리고 바로 방현석, 이대환 소설가 등이 베트남 현지 문인들과 함께하고 있는 술집으로 향했습니다. 만나자마자 방현석 소설가는 베트남식 신고를 하라고 하면서 연거푸 다섯 잔의 술을 따라주며 마시라 강요했는데요. 평소 여행할 때 언제나 그때그때의 현실과 그 나라 관습을 따르는 것이 최선이라 여겼기 때문에 쭈욱 다 마셨습니다. 그런데 술만 따라주고는 일행은 숙소로 가려고 하는 것이었습니다. 그들은 이른 저녁부터 마셨는지 많이 취해 있었습니다. 그렇지만 만나자마자 헤어진다는 게 좀 그래서 "한 잔 받고 일어나야지" 했습니다. 내일, 아니 오늘 오전에 방현석, 이대환 소설가는 방민호 문학평론가와 함께 국내로 들어간다는 거였습니다. "아니, 만나자마자 헤어지는 건가" 아쉬움을 토로할 즈음 강한 빗줄기가 한바탕 쏟아졌습니다.

베트남에서의 첫날 아침은 서로 인사를 나누는 것으로 시작되었습니다. 최동호 교수님은 오래전 국내 여행을 함께한 인연으로 기쁘게 맞아주었습니다.

그리고 김영산 시인, 이대환 소설가와 반갑게 인사를 나눌 즈음 방민호 문학평론가가 나타나 "형, 만나자마자 헤어지네." 인사를 건넸습니다. 다음 좋은 여행을 하자며 아쉬운 작별을 하고 우리는 주석궁으로 가는 버스에 올랐습니다.

2019년 베트남 제4회 국제작가대회 및 제3회 국제 시 축제는 46개의 나라 200여 명의 문인들이 참가했다고 합니다. 나와 김태수 시인은 늦게 참가했기 때문에 2월 15일 전야제와 2월 16일 8시 베트남 소련 우정문화 궁전에서 개막식 등의 행사는 참가하지 못했습니다. 그뿐만 아니라 2월 17일은 문묘에서 시 축제 개막식을 한 후 시내 투어를 하고 바오닌 소설가 댁에서 가진 만찬도 참가하지 못했습니다. 그래서 그런지 18일부터 참가한 행사 분위기 파악에 조금은 낯설었습니다. 그러나 행사 목적보다는 여행에 더 비중을 두었기 때문에 크게 개의치 않았습니다.

주석궁에서 베트남 부주석의 환영사와 대회장 인사말 등을 듣고 기념 촬영을 한 후 하롱베이로 행했습니다. 하롱베이로 가는 주변 마을은 15년 전 이곳을 찾았을 때보다 변화해 보였습니다. 무엇보다 들녘의 풍경이 사뭇 달랐는데요. 자연 그대로의 농법이 아직도 지켜지고 있는 것처럼 보였지만 한컨 변화된 것을 볼 수 있었습니다. 다름 아닌 모판과 모심기였는데요. 모판에서 모를 쪄 어린 모가 줄 맞춰 심어져 있었습니다. 기계로 심었는지 모르겠지만 한컨에 손으로 모를 잇는 장면을 종종 엿볼 수 있었는데요. 처음 베트남을 찾을 때는 볍씨를 그냥 뿌려 벼농사를 지었던 것으로 기억합니다. 그런데 이번 여행에서는 비닐하우스 안에서 모를 기르는 풍경이 자주 목격되었습니다. 과거 우리네 벼농사의 풍경을 보는 것같이 기뻐 연신 손전화를 들이댔습니다. 베트남은 쌀 수출국 2위로 알고 있습니다. 다음에 오면 저 들녘은 또 어떤 변화가 일어날지 모르겠습니다.

하롱베이는 베트남 자연 유산 중 가장 빼어난 경치를 자랑하는 곳 중 하나입니다. 처음 이곳을 찾았을 때의 감동이 그대로 전해지는 듯 하롱베이에 도착하자마자 탄성이 절로 나왔습니다. 여행에서 기쁨이란 입이 즐거워야 하는 것 못지않게 눈이 호강해야 한다는 걸 실감나게 보여주었습니다. 선상에서 점심 식사 후 천궁 동굴을 들렀습니다.

호텔에 도착해 짐을 내려놓고 문학 교류 행사장으로 갔습니다. 이 지역 문화회관으로 보이는 넓은 공연장에는 많은 관중으로 꽉 차 있었습니다. 이날은 김구슬 시인이 한국 측 대표로 무대에 올랐는데요. 김구슬 시인은 시 낭송에 앞서 "철 이른 매화에 내린 뒤늦은 춘설 가운데 때로는 하늘로 날아가고 때로는 추락하는 꽃잎의 운명을 보면서 개체의 의지를 넘어선 커다란 우주적 의지를 생각하게 된다. 이를 통해 베트남의 비극적인 역사와 생명력을 생각해 본다" 하였는데요. 우리는 크게 박수를 치며 환호해 주었습니다. 그리고 호텔로 돌아와 저녁을 들기 전 호텔 앞의 복사꽃을 다시 마음에 담으면서 여기가 평화, 무릉도원이라면서 환하게 웃었습니다.

다음 날 하노이로 돌아가기 전 박장성에 들렀습니다. 박장성 안으로 들어서자마자 학생들을 비롯한 많은 시민들로부터 환영을 받았습니다. 이 나라도 행사장에 학생과 주민을 동원하는 풍경이 과거 우리나라와 같아 보였습니다. 하롱베이 회관에서와 같이 행사 시작되고 얼마 지나지 않아 하나둘 행사장을 빠져나가기 시작하더니 끝날 무렵에는 주최 측과 대회에 참가한 우리들만 남아 썰렁하기 이를 데 없었습니다. 더욱 난감한 것은 여기에서도 예정된 시인들의 시낭송이 다 이루어지지 못했는데요. 이유는 공동주최자인 박장성 측이 TV 생중계 시간에 맞춰 남은 시 낭송을 갑자기 중단했기 때문에 그렇다 들었습니다. 하재홍 문학평론가는 "왕의 권력도 마을 문턱을 못 넘는다"는 베트남 속담을 인용하면서 전통적인 지방 권력을 목격하신 거라며 쓴웃음을 지었습니다. 그러나 행사가 그쯤에서 빨리 마무리된 것이 어쩌면 다행이라 생각했습니다. 마당에 햇빛 가림막을 친 텐트 아래라 무척 더웠기 때문입니다. 그날 저녁 하노이 영빈관 식당에서의 시 낭송이 기다리고 있었습니다.

전승탑 아래 사원 뜰을 걸으면
땀이 배어 끈적끈적한 정글복 안으로
독경 소리가 또 배인다

베트콩의 포격으로 쪼개어진
오래된 나무 얕은 그루터기에 앉아

아직 남아 있는 화약 냄새를 느끼며

지나치는 승려들을 본다

노란 장삼자락 무겁게 끌며

어두운 얼굴의 그들은 어디서 오는 길일까

어디서 찢기인 마을 사람들의 가슴을

달래고 오는 길일까

우리들은 철모를 벗어 안았다

한 줄기 스쿨이 지나가려는지

이내 구름이 끼고 굵은 비 내려

본전(本殿) 처마 아래 몸을 옮겼다

안에는 월남 여인 두엇, 합장한 채 엎드려

일어설 줄 모르고

검은 아오자이 사이로 빠져나온

약하디약한 그들의 발바닥

여인이여 누구를 위하여 기도하시는가

설움으로 들썩이는 어깨가 애처로웠다

—김태수, 「사원에서 만난 월남 여인」 부분

이 시는 베트남 오기 며칠 전 재출간한 『베트남 내가 두고 온 나라』(푸른사상, 2019)에 수록된 「사원에서 만난 월남 여인」입니다. 김태수 시인은 시 낭송에 앞서 가라앉은 목소리로 자신이 백마부대 일원으로 베트남에 파병됐던 참전 군인이라는 사실을 밝히면서 이 자리에 서게 된 것에 대한 고마움과 미안한 마음을 함께 전했습니다. 김태수 시인은 이 시집 「시인의 말」에서 "1987년에 발간된 시집에 싣지 못했던 서문을 2019년 1월, 베트남 종전 44년에 꺼내어 실으"면서 자신의 "스무 살의 시작은 '자유의 십자군'이라는 허울 좋은 이름으로 출정한 베트남전쟁의 참혹하고 황폐한 기억들로 출발되었다"고 토로합니다. 그러면서 "참전했던 전우들과 전사자 유족들, 관심을 가지고 있을 이들과, 특히 전쟁에 오래 시달린 베트남 인민들과 남베트남민족해방전선 전사들, 이 모든 관계 사이에서 그어진 내 양심의 상처가 다소 아물게 되길 바란다" 입장을 피력했습니다.

지난해 제주 4·3항쟁 70주년 전국문학인대회에 참가했습니다. 그때 '동아시아의 문학적 항쟁과 연대'라는 주제로 국제문학심포지엄이 열렸는데요. 바오닌 소설가는 발제자로서 4월 30일이 '베트남에서 가장 커다란 축제가 있는 날이라 말문을 열면서 43년 전 그날, 그러니까 1975년 사이공을 점령, 드디어 항미 전쟁을 끝장낸 날이라 전하며 더 이상 전쟁은 없어야 된다'고 항변했었습니다.

바오닌 소설가는 1969년 열일곱 살 때 군대에 입대하여 1975년까지 만 6년 동안 각종 전투에 참여했답니다. 그러면서 자신은 단지 6년에 불과했지만, 베트남은 1945년부터 1975년까지 30년이라는 세월 동안 전쟁을 겪여야만 했다는데요. 1954년 프랑스를 쫓아내자 미국이 그 뒤를 이어 침략 전쟁을 벌였기 때문이랍니다. 더 정확히 전쟁의 기간을 말하면 1858년 프랑스의 침략을 받은 이후 130여 년 동안 일본, 또다시 프랑스, 그리고 미국과의 전쟁을 해야 했다면서 그중 가장 참혹했던 전쟁은 미국과의 전쟁이었다고 전합니다. "미국이 베트남 산림에 쏟아부은 3만 5천 드럼의 'Agent Orange, 살아 돌아온 우리들의 살갗에/오래오래 산거머리로 진득하게 달라붙어/떠나질 않는다"는 김

태수 시인의 「지금 그 숲은」에서 찾아볼 수 있듯이 미국이 얼마나 악랄한 살육을 감행했는가 짐작할 수 있습니다.

바오닌 소설가는 1987년부터 『전쟁의 슬픔』을 쓰기 시작하여 1990년에 완성했다고 합니다. 그리고 이 소설로 국가와 국민으로부터 큰 호응을 얻어 1991년에 베트남작가협회 최고작품상을 수상했다는데요. 1994년에 랜덤하우스에서 『전쟁의 슬픔』을 영어로 번역해 영국, 미국, 호주에 출간했었고요. 그해 영국 인디펜던트 신문의 문학상, 1997년 덴마크의 ALOA 외국문학상, 2011년 일본의 니케이 아시아 문학상, 2016년 한국의 심훈 문학상을 받기도 했답니다. 지금까지 『전쟁의 슬픔』은 우리나라를 비롯해 영국, 프랑스, 스페인, 포르투칼, 그리스, 독일, 이탈리아, 폴란드, 네덜란드, 덴마크, 스웨덴, 노르웨이, 태국, 일본, 대만 등 16개의 외국어로 번역되었다 하는데요. 최근 한국에서는 하재홍 문학평론가 번역에 의해 2015년 재출간되기도 했답니다.

김태수 시인은 10여 년 전 북베트남군 탱크부대 출신 시인이자 베트남작가협회 주석인 흐우띤(72)을 한국으로 초청했답니다. 그것은 전쟁에 참여할 수밖에 없었던 현실에 대해 과거를 털어놓으며 '화해'를 위한 것이었다는데요. 김태수 시인은 이번 행사에서 「사원에서 만난 월남 여인」을 공개적으로 낭독하고 보니 오랫동안 가슴에 남아 있는 죄스러운 앙금이 모두 빠져나간 것처럼

후련하다 했습니다. 이외에도 최동호, 이인평, 나병춘, 이대흠, 이민숙 시인 등이 전쟁 없는 세상, 평화가 충만한 나라를 꿈꾸며 시 낭송을 하였습니다.

행사가 끝나고 하재홍 문학평론가의 안내로 김태수, 이인평, 나병춘, 김영산, 이대흠, 이소연 시인과 바오닌 소설가, 쩐 꾸앙 다오, 쩐 안 타이 시인 등과 함께 서호를 찾았습니다. 호수 위에는 둥근 달이 두둥실 떠 있는데요. 오늘은 정월 대보름, 어릴 적 달불을 놓고 불 깡통을 돌리며 놀던 때를 회상하며 이국에서 하노이 보드카를 마셨습니다. 늦은 밤 시작한 술이라 다음 날 린빈 일정을 감안해 취할 만큼 취했을 때 일어나는 게 상책이라 여겨 김태수 시인 등과 먼저 숙소로 들었습니다.

하노이에서의 공식 행사 일정을 마치고 다음 날 이른 아침 한국 팀만 린빈 여행길에 올랐습니다. 전날 오늘 일정에 대해 상의할 때 베트남 대표적인 사원 등도 돌아볼 것을 부탁했습니다. 그것은 하노이 시내 대표적 명소 문묘를 관람하지 못한 아쉬움이 컸기 때문입니다. 그래서 전날 문묘 가까이에서 이대흠 시인 등과 차를 마셨습니다. 그때 가까이 있는 자그마한 사원을 찾기도 하였지요.

린빈은 하롱베이와 마찬가지로 몰라볼 만큼 엄청난 발전을 이루고 있었습니다. 작은 배를 타기 전 베트남 모자를 사는 상가부터 선착장에 이르기까지 예전의 모습을 전혀 찾아볼 수 없었는데요. 무엇보다 선착장의 현대화가 눈에 들어왔습니다. 이곳에서 생업을 유지하는 뱃사공만 이천 명이 넘는다 하니 얼마나 많은 관광객이 린빈을 찾는지 가늠됩니다. 우리는 삼삼오오 작은 배를 타고 호수를 거슬러 오르내리며 두어 시간 동안 아름다운 산천을 구경하였습니다. 린빈은 베트남 국민들이 종교적으로 신성하게 여기면서 프랑스와 미국 등 외세의 침략에 맞서 싸우면서 독립의 열망을 키웠던 곳으로 유명합니다.

바이딘 사원은 내가 본 불교 사원 중 제일 큰 규모를 자랑했습니다. 주차장에서 노란 전동차를 타고 삼문공(三門空) 앞에 내렸을 때 천강유수천강월(千江有水千江月) 만리무운만리천(萬里無雲萬里天)이 가장 먼저 눈에 띄었습니다. 바이딘 사원을 비롯해 남쪽 나라 베트남 사원들은 모두가 수월도량(水月道場)인가 봅니다. 발 딛는 곳마다 극락과 무릉도원이니 어찌 여여생생이라 하지 않을 수 있겠는지요.

먼저 종각을 찾았습니다. 종각은 8각으로 지어져 있었는데 그 규모가 얼마

나 큰지 가까이에서 사진을 담을 수가 없었습니다. 청동으로 만들어진 종의 무게가 36톤이라니 어마무시하지요. 종각을 구경한 후 오백나한이 전시된 긴 회랑을 따라 관세음전과 석가불전 들러 참배한 후 다시 주차장으로 나와 하노이로 향했는데요. 사리탑 등 처처를 두루두루 구경하지 못했지만 바이딘 사원을 들렀다는 자체만으로 행복했습니다.

하노이에서 마지막 날도 왼종일 바쁜 일정을 소화했습니다. 이른 아침 주석

궁을 둘러본 후 하노이 외곽에서 작품 활동을 하고 있는 조각가 집을 방문했는데요. 좁은 골목을 끼고 식재료를 파는 상점들이 인상적이었습니다. 그곳에서 현지식 점심을 먹고 없는 건 없고 다 있다는 호안끼엠 36거리를 찾았습니다. 일행 중 몇은 피로를 풀기 위해 발 마사지를 받으러 가고 또 일부는 커피숍에 들어가 쉬고 했는데요. 나도 쇼핑 대신 쉴 겸 한적한 식당을 찾아 쌀국수를 시켜 먹었습니다. 그런데 이십여 년 전 먹었던 쌀국수가 아니었습니다. 이렇게 맛난 음식을 왜 이제서야 먹는지 후회가 막심했습니다.

북미회담이 며칠 남지 않았습니다. 이번 행사의 주최자라고 할 수 있는 베트남작가협회 호우띤 주석은 한 만찬장에서 "이번에 참가한 외국 작가 중 한국 작가 규모가 제일 크다"면서 "그동안 어려운 여건에서도 베트남 문학과 작가들에 대한 애정을 보여줘 고맙다"고 했습니다. 그러면서 "한반도의 평화적 미래를 도모하는 북미회담이 하노이에서 열려 굉장히 기쁘고 자부심을 느낀다" 했습니다. "한반도 평화가 제대로 정착되기를 진심으로 바란다"며 그 의미를 크게 부여했지요.

호안끼엠 36거리에서 공항으로 가는 거리에는 북한과 미국과 베트남의 국기가 훈풍으로 휘날렸습니다. 전쟁을 종식하고 평화로 나아가는 길 한가운데 하노이가 있었습니다.

구름이 흐르는 산의 남쪽

1.

지난 6월 26일부터 7월 3일까지 중국 운남성을 여행했습니다. 이번 여행은 한중인문학회 국제학술대회 일환으로 이루어졌습니다. 여행 전 평소 교류가 없던 터라 많이 망설였습니다. 그러나 이때가 아니면 언제 운남성을 여행할 수 있을까 곰곰 생각하다 용기를 냈습니다. 어차피 여행이란 혼자 길을 가는 것과 다름없다 마음먹으니 편했습니다. 한중인문학회와의 인연은 2006년 전후로 기억되는데 아주대학교였습니다. 그때 나는 대전대를 비롯한 몇 대학에서 발품을 팔 때였습니다. 또한 시와에세이 출판사를 등록하고 계간지『시에』등을 비롯해 시집 등을 발간하고 있었습니다.

당시 강세환 시인의 시집 해설을 아주대 국어국문학과 교수로 재직 중인 문혜원 문학평론가가 맡아 썼습니다. 한중인문학회 회원으로 활발한 논문을 쓰던 시인 박몽구 형의 제안으로 문혜원 교수를 만날 겸 자연스럽게 아주대에서 열리고 있는 한중인문학회 학술대회를 찾았습니다. 거기에서 한중인문학회를 가입하게 되었지요.

한중인문학회를 비롯하여 몇 군데 학회로부터 전자주소로 여러 소식을 받습니다. 대학 강의를 접은 지 오래되어 논문 쓸 이유도 없고 해서 오는 메일을 그냥 넘길 때가 많습니다. 그런데 지난 2월경 한중인문학회로부터 '제44회 국제학술대회' 참가 신청서와 함께 여행사의 견적서 등이 첨부된 메일을 운 좋게 읽었습니다. 먼저 발표 신청서 대신 여행사 견적서부터 살폈습니다. 4박 6일과 7박 9일 일정이 있었습니다. 후자 쪽의 여행은 리장을 비롯한 차마고도 등도 포함되어 있었는데요. 문제는 한중인문학회와 그동안 단 한 번도 교류가 없다는 데 있습니다. 그런데도 운남성 여행에 마음이 빼앗겨 여행 일정을 자주 들여다보았습니다. 그러다가 무엇에 이끌리듯 마감 일정에 맞춰 참가 신청서를 냈습니다.

여행 일정이 가까워질 무렵 여행사로부터 참가자 명단을 받았습니다. 숙박은 2인 1실이 원칙이라 혹 아는 문인이 있으면 같이 방을 잡아준다는 거였습니다. 참가자 중 그동안 지면으로만 봐왔던 서울대 국어국문과 교수로 재직 중인 김유중 문학평론가가 눈에 띄었습니다. 그렇지만 여행사 측의 배려에도 서로 불편할 것 같아 추가 요금을 내고 혼자 방을 쓰는 것으로 했습니다.

최근의 중국 여행은 2015년 12월 판화가 김준권 형과 함께였습니다. 심양 등을 비롯해 백두산과 압록강, 산해관, 천진 등을 다녔지요. 이때도 전시 일정 등 조율로 심양에 나가는데 끼어서 여행이 이루어졌습니다. 지금도 김준권 형을 만날 때마다 중국 언제 나가냐고 묻곤 하는데요. 무엇보다 형의 능숙한 중국어로 소통에 문제가 없으니 자유자재 여행이 가능하기 때문입니다.

인천국제공항에 도착해 일행을 만나 인사를 나누는데 많이 서먹서먹했습니다. 그래도 김유중 교수와 안부를 주고받으며 조금은 멋쩍은 걸 덜 수 있었습니다. 일부 참가자 중 아직도 내가 대학에서 강의하고 있는 줄 알았다며 반가워 했었지요. 이렇게 7박 9일 여행은 시작되었습니다.

곤명에 도착한 것은 자정 무렵이었습니다. 버스를 타고 숙소로 가는 길은 도심 외곽 같았습니다. 아니나 다를까 호텔은 주택가 골목 안에 있었습니다. 어떻게 이런 곳에 호텔이 있을까 의아했습니다. 호텔 주변 어디에도 커피나 술을 마시면서 환담을 나눌 가게는 보이지 않았습니다. 단지 호텔 앞에 간단한 식료품을 살 수 있는 우리식 점방이 있을 뿐이었습니다.

현지 가이드 설명에 의하면 다들 교수고 학자고 해서 조용한 곳을 선호할 거 같아 찾은 곳이 바로 여기라는 말에 모두 한바탕 웃었습니다. 장시간 열차와 비행기와 버스로 이동하다 보니 피곤이 한꺼번에 몰려왔습니다. 술이라도 마셔야 잠을 이룰 수 있다는 생각을 한 건 나뿐만은 아닌 것 같았습니다.

2.

곤명에서 첫 여정은 세계 최대의 카르스트지형이자 세계자연유산으로 잘 알려진 석림(石林)이었습니다. 버스에서 내려 잠시 전동차를 타고 내려서 걷다 보면 호수 위의 석회암 지형을 만납니다. 여기서 좀 더 가면 석림의 위상을 한눈에 펼쳐 보여주는 '세계자연유산'과 '세계지질공원'이라 새긴 거대한 바위를 만나지요. 여기서부터 본격적인 돌과 바위의 향연이 시작됩니다. 그런데 발 딛는 곳마다 여간 복잡하고 시끄러운 게 아닙니다. 평일인데도 중국인 관광객들로 북새통을 이루고 있었기 때문입니다.

풍경이 괜찮은 곳에서 사진 한 장 찍기도 힘들었습니다. 그뿐만 아니라 다리가 아파 잠시 쉬고 싶어도 멈추어 설 공간 하나 얻기 어려우니 도떼기시장이 따로 없었습니다.

물살이 빠져나간 곳은

어디든 길이 되었지만

물고기 한 마리

돌 속으로 헤엄쳐 들어가

제 몸 부비며 길을 낸다

우주가 가볍게 몸 틀고 있다

―황구하, 「석림(石林)에서 길을 잃다」 전문

   석림에서 길을 잃는다는 이야기를 여기저기서 많이 들었습니다. 가이드 역시 석림을 소개하면서 "여기서 길을 잃으면 평생 돌 안에 갇혀 살아야 합네다." 웃으며 농담을 건네기도 했습니다. 그만큼 석림은 넓고 깊다는 것을 단적으로 보여주는 것이겠지요. 그리고 이곳을 다 구경하기란 쉽지 않다는 이야기도 덧붙였습니다.

   예전에 가끔 나타나던 오른쪽 허벅지와 종아리 통증이 지난 1월 담배를 끊고부터 부쩍 심해졌습니다. 몸무게가 늘어난 원인도 있지만 늙어간다는 것이겠지요. 그러니 걷는 게 힘들 때가 많습니다. 그래서 침도 맞아보고 국선도를 시작했지만 별 효과를 보지 못하고 있습니다. 그러니 이번 여행이 얼마나 힘들까 생각했는데 여행 내내 걷는데 정말 고생이 컸습니다.

운남성은 중국 내 소수 민족이 가장 많이 사는 곳으로도 잘 알려져 있습니다. 얼마를 걸었을까요. '석림'이라 또 새겨져 있는 기암괴석 아래 전통 복장을 하고 공연을 하는 이족을 만났습니다. 여기서 사진을 찍고 잠시 쉬고 일어나 약속 장소로 갔는데 일행이 보이질 않습니다. 여기까지 오는데 일행 중 키가 가장 큰 강릉대 중어중문과 최일의 교수가 쓰고 있는 주황색 등산 베레모만 따라왔는데요. 갑자기 그 모자가 사라진 겁니다. 순간 돌 속에 내가 박혀 있는 것처럼 갑갑했습니다. 일행을 찾기 위해 허겁지겁 길을 헤쳐나갔습니다. 그러나 길이 바위와 바위틈이라 좁은 데다 워낙 사람이 많아 발걸음을 빨리 옮길 수가 없었습니다. 결국 일행을 잃어버리고 석림 속에 홀로 남게 되었습니다. 이런 낭패가 또 어디에 있겠는지요. 오래전 석림을 다녀갔다는 황구하 시인 역시 길을 잃었다고 하는데요. 나는 사람마저 잃어버린 것입니다.

참으로 암담했습니다. 무엇보다 친분 없는 분들과의 여행인데 나로 인해 걱정을 끼친다고 생각하니 마음이 더 아팠습니다. 한국 가이드에게 전화를 넣었지만 통화가 되지 않았습니다. 단체 카톡방에 전동차 내린 곳에 가 있겠다고 올린 후 마음이 좀 편해졌습니다. 어차피 다른 곳으로 이동하려면 전통차를 타고 버스가 있는 곳으로 가야 할 테니까요. 점심때가 다 되어서야 일행과 다시 만날 수 있었습니다. 비로소 "돌 속으로 헤엄쳐 들어"간 "물고기 한 마리" "제 몸 부비며 길을 낸다"는 걸 실감했습니다. 그래서 "우주가 가볍게 몸 틀고 있다"는 걸 석림은 절실하게 가르쳐 주었습니다.

다음 여정으로 서산 용문을 관광한 후 버스를 타고 다시 곤명으로 돌아와 술을 곁들여 저녁을 먹었습니다. 석림에서 심려를 기친 것에 대해 이해를 구하면서 빠이주를 사 한 잔씩 돌렸습니다. 여기서 외국어대 박남용 교수와 경희대 이선이 교수가 시인이라는 것도 알게 되었습니다. 박남용 시인은 옥천 출신으로 2004년 중국 몽롱파 3대 시인 중 슈팅을 초청해 영동 송호수련원에서 행사를 할 때 함께했다는 것도 들었습니다. 그리고 동명이인 강릉대 양문규 교수와 관계로 동 대학교 최일의 교수를 비롯한 안필규, 최은영 교수님과도 각별한 친분을 쌓게 되었습니다. 술자리가 끝나고 바로 운남 소수 민족 전통무용 「운남영상가무쇼」를 관람하고 숙소로 들었습니다.

곤명 이튿날 「중국 내 한국어교육 및 타 전공 연계 가능성과 발전 방향」을 주제로 제44회 한중인문학회 국제학술대회가 운남사범문리대학원에서 있었습니다. 참으로 오랜만에 공부하는 자리에 앉았습니다. 제1부 주제 발표는 한·중 학자들이 한 공간에서 진행되었습니다. 점심 식사 후 제2부는 분과 발표로 5분과로 나뉘어져 진행되었는데요. 나는 어디에도 속해 있지 않아 관심 있는 문학과 고전 등의 분과를 찾아 중국 시와 시론과 중국 현대시에 대해 공부하는 시간을 가졌습니다. 특히 박남용 교수의 「중국 윈난의 레이핑양(雷平量) 시에 나타난 시가 정신과 시의 이미지」에서 레이핑양 시가 마음을 끌어당겼습니다.

> 나는 내가 거주하는 윈난(雲南)만을 사랑한다. 기타의 성(省)을/모두 사랑하지 않기 때문이다 윈난의 자오통(昭通)시만을 사랑한다/기타의 시는 모두 사랑하지 않기 때문이다 자오통시의 투청양(土城鄕)만을 사랑한다/기타의 향은 모두 사랑하지 않기 때문이다……/나의 사랑은 협애하고 편집증적이라, 바늘 끝의 벌꿀처럼/어느 날 내가 더 이상 계속 살아갈 수 없다면/나의 가족만을 사랑하며---이것은 점점 축소되는 과정/나의 청춘과 연민을 써버릴 것이다
>
> ─박남용 번역 「가족(親人)」 전문

이 논문의 소개에 의하면 레이핑양은 1966년 윈난 자오통 출신으로 현재 곤명에 살면서 시작 활동을 하고 있는 1급 시인이라 합니다. 그는 "윈난성 주변의 자연과 산수, 그리고 전통과 현대, 농촌과 도시의 대립 속에서 새로운 시적 성취를 쌓아가고 있다"고 평하고 있는데요. 「가족」에서 레이핑양은 고향과 가족 사랑은 절대적입니다. 이러한 시적 태도는 뿌리 깊은 고향 의식을 바탕으로 "인간과 자연의 상호 교감의 세계와 가족과 마을 공동체, 그리고 자기 자신에 대한 성찰을 통해 시인의 이상 추구와 고달픈 현실의 비극적 형상화"라 보여집니다.

3.

학회 일정이 끝난 다음 날 원모토림 관광을 위해 버스에 올랐습니다. 곤명에서 원모까지 3시간여 버스를 타고 가는 동안 차창 밖의 풍경은 과거 우리의 여느 시골과 크게 다르지 않았습니다. 특히 담배밭이 많이 눈에 들어왔는데요.

과거 우리 동네도 많은 농가가 담배 농사를 지었습니다. 따라서 집집마다 담배 말리는 곳간이 있었으니 우리 집도 예외는 아니었습니다. 담배잎은 갈탄을 피워 그 열기로 말렸는데요. 우리는 한여름 내내 담배 곳간 아궁이를 들락거리며 감자나 옥수수를 구워 먹으면서 시간 가는 줄 몰랐습니다.

어린 시절 아련한 추억을 호명하며 즐겁고 행복한 시간도 잠시였습니다. 산이 뭉개지고 도로가 개설되고 아파트가 들어서는 현장을 곳곳에서 볼 수 있었습니다. 중국도 얼마 지나지 않아 전 국토가 도로망과 연계되면서 산업화가 이루어지겠구나 싶었습니다. 그러면 저 농촌도 사라지고 농사도 붕괴되겠지요.

이런저런 생각을 하다 보니 어느새 원모에 도착했습니다. 숙소에 짐을 풀고 토림을 돌아봤습니다. 석림과 다르게 또 다른 감동을 선사했습니다. 그러나 뙤약볕과 피로가 겹치면서 좀 쉬고 싶다는 생각이 절실했는데요. 내일 랑파푸로 이동해 또 토림 관광 일정이 기다리고 있었기 때문입니다.

다음 날 랑파푸로 가는 날 아침부터 비가 내렸습니다. 토림 관광보다는 곤명으로 돌아가 시장 구경 등 시내 관광을 하고 싶다는 생각을 많이 했습니다. 그러나 일행을 태운 버스는 랑파푸에 도착했습니다. 비가 계속 오는 관계로 전동차가 올라가는 데까지만 갔다가 내려오기로 하고 관광을 나섰습니다. 나는 다리가 너무 아파 걷기를 포기하고 비를 피할 만한 곳만 있으면 들어가 쉬었습니다. 그러면서 원모나 랑파푸 대신 대리를 여행지로 선택했으면 어땠을까 생각했습니다. 오래전 티브이로 보면서 감탄했던 대리고성과 얼하이호수가 자꾸 눈에 밟혔습니다.

랑파푸 토림 관광을 마치고 다시 곤명으로 돌아가는 데는 버스로 3시간 30여 분이 걸렸습니다. 일행 중 일부가 한국으로 돌아가야 하기 때문에 점심을 먹자마자 바로 출발한 것이지요. 아마도 대리를 선택하지 못한 연유가 여기에 있는 듯했습니다.

  곤명에 도착하자 자유 시간이 주어졌습니다. 운남성 하면 보이차 등이 유명하니 대부분 차 시장으로 갔고 또 일부는 피로를 풀기 위해 마사지 집을 찾아갔습니다. 나도 차 시장을 갈까 하다가 최일의 교수님 쪽을 따라나섰습니다. 최일의 교수는 중국어 전공 교수답게 유창한 중국어 실력으로 나뿐만 아니라 여러 사람이 따랐습니다. 여행은 눈으로 구경도 최고지만 입이 즐거워야 합니다. 우리는 최 교수가 통역을 해줘 각자 입맛에 맞는 쌀국수를 선택해 맛나게 먹을 수 있었습니다. 그리고 찻집에 들러 역시 같은 방법으로 주문해 차를 마시고는 기석거리로 출발했습니다.

  큰길을 벗어나 작은 골목을 돌고 돌아 한참을 가는데도 기석거리는 나타나지 않았습니다. 현지인에게 묻고 물어 가면서 기석거리를 찾을 수 있을까 걱정이 되었습니다. 무엇보다 피곤하고 다리도 아파 혼났습니다. 그때 기석거리를 가리키는 표지석이 나타났습니다. 길 양옆으로 잘 가꾸어진 정원과 고풍스런 건물이 펼쳐져 모두 여길 오길 잘했다며 밝은 웃음을 지었습니다. 우리는 젊은 친구가 운영하는 완석 가게에 들렀습니다. 돌마다 제각각 사연을 품은 듯 신비롭게 느껴졌습니다. 나는 이 돌 저 돌을 만지작거리다 눈에 들어오는 몇 개의 옥석을 골라 샀습니다. 이 옥석은 내가 죽을 때까지 가공되지 않은 채 산방 한구석에 처박혀 있을지 모릅니다. 그래도 마음을 닦으면서 들여다보는 돌 그대로 존재해도 좋을 듯 싶습니다.

  기석거리를 나와 약속한 장소에 도착하니 모두들 한 보따리씩 선물 꾸러미를 들고 있었는데요. 일부는 한국으로 돌아가기 위해 공항으로 이동하고 남은 사람들은 숙소로 돌아왔습니다. 오늘 밤 숙소는 제발 도심 한가운데 호텔이면 좋겠다 생각했지만 도로아미타불이었습니다. 이전 묵었던 주택가에 위치한 그 호텔이었기 때문입니다. 그래도 오늘은 한잔하자는데 동의한 일행은 술집을 찾아 호텔을 나섰습니다. 한참을 걸어 큰 거리에 나와서야 가까스로 술집을 찾았습니다. 오후 10시도 안 되었는데 문이 닫혀 술 마시기를 포기하고 그만 숙소로 돌아와야 했습니다. 엎친 데 겹친 격으로 숙소로 돌아오던 중 길을 잘못 들어 40여 분 또 다리품을 팔았으니 여행 중 웃지 못할 또 하나의 추억이 만들어진 셈이지요.

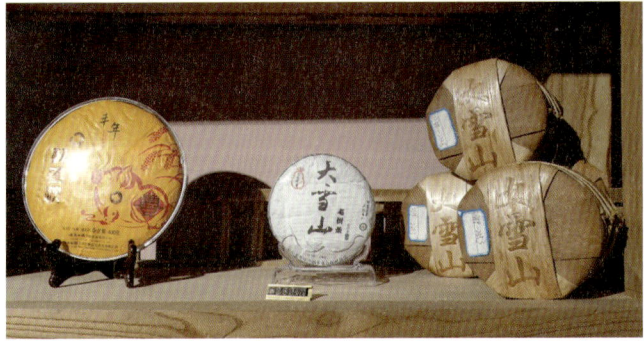

4.

다음 날 리장을 가기 위해 이른 아침 버스를 타고 곤명공항으로 갔습니다. 공항에 도착해 수속을 마치고 비행기에 오르면서 한없이 들뜨기 시작했습니다. 옥룡설산과 리장고성과 호도협, 그리고 차마고도와 샹그릴라까지 여행을 꿈꾸니 고향을 찾아가는 것처럼 마냥 기쁘고 행복해졌습니다. 리장공항에 도착했을 때 빗방울이 들었지만 우리를 태운 버스는 바로 옥룡설산을 향했습니다.

옥룡설산 입구에 내렸을 때 여전히 가는 비가 내렸습니다. 일기 탓만은 아닌 것 같은데요. 옥룡설산으로 가는 케이블카를 타는 게 아니었습니다. 그리고는 2시간여 시간을 주면서 야크 목장이 있는 곳까지만 올라갔다 온다는 거였습니다. 아쉬움이 컸지만 설산 대신 원시림 속을 걷다가 작은 꽃들을 만났습니다. 흘러가는 구름이 꽃이 되었나, 하며 옥룡설산은 다음을 기약할 수밖에 없었는데요. 그때가 다시 돌아온다면 반드시 옥룡설산을 가장 가까이에서 볼 수 있다는 다구빙천 전망대(4,860m)까지 케이블카를 타고라도 올라갔다 올 것입니다. 그런데 언제 다시 여기를 올 수 있을까요.

간간이 비가 내리는 가운데 옥룡설산을 배경으로 펼쳐진 장예모 감독의 소수민족 서사시 「인상여강」 쇼를 감상했습니다. 이 작품은 리장(여강) 지역의 소수 민족들의 생활 모습과 차마고도를 배경으로 한 마방들의 삶을 보여주는 가무인데요. 이 공연에 처음 출연했던 배우들은 실제로 전문 배우가 아니라 이 지역에 거주하는 소수 민족의 농민들이라 전해집니다. 그러나 현재는 공연만 전문으로 하는 배우라 해야겠지요. 그래도 전통 의상과 손과 발짓에서 우러나는 깊은 맛은 아직도 그들의 옛 생활상이 그대로 전해지는 것 같았습니다.

구름이 흐르는 산의 남쪽 155

공연이 끝나고 흑룡담공원 관광 및 산책을 하고 저녁 식사 후 리장고성 야경을 구경했습니다. 여기도 발 디딜 틈 없이 관광객으로 북적대기는 석림 저리 가라였습니다. 그것도 월요일 저녁인데 말입니다. 가이드에 의하면 리장은 언제나 리장 주민보다 관광객 수가 더 많다 하니 중국 제일의 상업화된 관광지라 할 수 있겠지요. 너무 복잡해 단체로 함께 다닌다는 건 불가능해 보였습니다. 숙소 위치만 정확하게 새기고 각자 리장 야경을 보러 숙소를 나섰는데요. 나는 최일의 교수와 함께 나시족의 옛 문자인 동파문자를 새기는 가게를 찾아 골목 골목을 뒤졌습니다. 한참 골목을 기웃거리고 나서야 간신히 나무판자에 동파문자를 새길 수 있었습니다. '여여생생(如如生生)'을 동파문자로 새기려고 했는데, 같은 뜻을 가진 문자를 찾지 못하고 이와 유사한 의미를 내포한 다른 동파문자로 대신했습니다. 그리고 희망과 소망과 행복이 깃든 동파문자 새긴 상품을 지인들에게 선물하려고 몇 개 샀습니다.

다음 날 이른 아침 다시 리장고성을 산책했습니다. 밤에 보이지 않던 풍경이 펼쳐졌는데 참으로 아름다웠습니다. 특히 가옥과 가옥 사이 수로가 인상적이었습니다. 아무래도 목조 건축이니 화재 시 물을 확보하기 위한 지혜겠지요. 그리고 잘 가꾸어 놓은 정원 앞 의자에 앉아서 어젯밤을 돌아보며 좀 더 일찍 여길 왔더라면 얼마나 좋았을까? 10여 년 전에만 왔더라도 참 좋았겠지 생각했습니다. 만두집 앞에 이르렀을 때 아침을 만두로 들까 하다 그냥 산책이나 더 하자며 골목을 마냥 걸었습니다. 얼마를 가다 무궁화꽃을 만나니 기쁨이 두 배가 되는 것 같았습니다.

호도협과 차마객잔으로 가기 위해 버스를 타고 가는데 머리가 아파 오기 시작했습니다. 우리 모두는 드디어 고산병이 시작되는구나, 준비해온 비아그라를 먹어야 하나 서로 얼굴만 바라봤습니다. 아뿔싸, 그런데 우리가 타고 가는 버스 뒤 유리창이 깨져 매연이 그리로 들어오는 거였습니다. 가다가 버스를 세우고 기사는 깨진 유리를 테이프로 막아 보지만 2시간여 동안 이대로 호도협까지 간다는 건 무리라고 다들 한마디씩 했습니다. 그때 저쪽에서 일행 중 한 명이 똥을 밟았다며, 누가 길가에 똥을 눴는지 참, 하며 울상을 지었는데요. 우여곡절 끝에 다른 버스로 바꿔 타고 길을 나서기까지 1시간여 동안 길가에서 별의별 희한한 일을 다 겪었습니다.

여행 중 그 나라의 특산물을 맛보는 것은 여행의 묘미 중 으뜸입니다. 호도협으로 가는 도중 휴게소에 들러 단체로 바나나, 메론, 망고, 홍모단 등을 비롯 갖가지 과일을 사서 먹었습니다. 그리고 버스 안에서 2007년 국내에서 방영된 다큐멘터리 「차마고도」를 보면서 지루하지 않게 목적지까지 갈 수 있었습니다. 협곡을 따라 굽이쳐 흐르는 금사강(金沙江) 저 건너 산에는 마방들과 말들이 걸어 다녔다는 아스라한 옛길이 희미하게 눈에 들어왔습니다.

차마고도의 구간 중 일부이기도 한 호도협은 사냥꾼에게 쫓기던 호랑이가 금사강 사이의 바위 하나를 딛고 한 번에 강을 건넜다는 유래에서 그 이름을 얻었다고 전해집니다. 호도협은 몇 년 전 국내 한 TV 예능프로에서 무한도전, '극한의 중국 호도협 가마꾼 알바'로도 많이 회자되었던 곳이기도 합니다. 나도 가파른 계단을 가마를 타고 내려갔다가 올라올까 많이 망설이기도 했는데요. 그러나 아픈 다리를 끌고 마냥 걸었던 것은 몸무게도 몸무게지만 사실 일행의 눈치가 보였기 때문입니다.

호도협에서 차마객잔까지 빵차를 타고 갔습니다. 빵차는 좁은 길을 힘차게 달렸습니다. 앞에서 빵차가 오기라도 한다면 어떻게 길을 비켜줘야 하나, 걱정이 이만저만이 아니었습니다. 고개를 돌려 길 아래를 내려다보니 천 길 낭떠러지입니다. 차마객잔까지 서로 말도 하지 않고 고개를 숙인 채 얼마를 달렸을까요. 차마고도에 도착하고서야 저린 오금과 막힌 가슴을 풀며 비로소 살았다고 안도의 숨을 쉬었지요.

차마객잔은 우리 일행 이외는 아무도 없어 한가했습니다. 늦은 점심을 삼겹살을 곁들여 맛나게 먹고 커피까지 마시고 옥상으로 올라갔는데요. 뒤로는 하비설산이 앞으로는 옥룡설산이 그림처럼 펼쳐진 배경으로 사진도 찍으며 모처럼 망중한을 즐겼습니다. 그리고 하산길에 두어 시간 차마고도의 옛길을 걸었습니다. 이 길은 인류의 가장 오래된 교역로로 중국 서한(BC 202~AD 8) 시기에 처음 생겼다고 추정한다는데요. 옛 마방들이 말을 끌고 목숨 걸고 걷던 이 길을 우리는 지금 유유자적 걷고 있습니다. 나는 이 길을 따라 사나흘 더 걸었으면 좋다 싶었습니다. 그러면 밤마다 초롱초롱 빛나는 별을 보며 마냥 행복해할 것입니다. 그뿐만 아니라 반딧불이를 좇아 본래 고향을 그리면서 자연 그대로의 삶을 꿈꾸기도 하겠지요. 그러나 우리는 차마고도 옛길 대신 꿈의 도시 샹그릴라로 가는 버스에 올라 있었습니다.

5.
차마객잔에서 내려와 3시간여 버스를 타고 샹그릴라로 가는 동안 중국이 얼마나 큰 나라인지 절실하게 바라봤습니다. 큰 나라답게 문화 역시 남다르다는 걸 여실히 보여줍니다. 물론 예전의 이곳은 오늘의 중국이 아니라 또 다른 나라였겠지요. 아무튼 샹그릴라 가면서 또 다른 문화를 체험하는 계기가 되었습니다.

최대 규모의 티벳 사원 송찬림사까지 가는 동안 행운을 가져다준다는 지붕 위의 룽다를 수없이 봤습니다. 그리고 마을 앞이나 언덕 위의 오색 천을 두른 타르쵸가 바람에 휘날리고 있었습니다. 과거 전쟁도 없이 자연 그대로 삶을 영위하면서 평화를 추구했던 티벳 사람들을 떠올렸습니다. 나도 옴마니반메옴 바람의 경전을 읽으며 송찬림사를 돌아봤습니다.

깃발에 경을 쓰면 바람이 읽고 가네

바람 따라 떠돌다 경 한 구절 얻었네

설산을 오르다 지쳐 얻은 경을 놓쳤네

　—김영재, 「룽다, 바람이 읽는 경」(『목련꽃 벙그는 밤』, 책만드는집, 2019)

　이 시는 김영재 시인이 출판사를 경영하면서도 틈틈이 여행을 즐기며 최근 펴낸 시집 속에 수록된 시편입니다. 그는 국내 산행뿐만 아니라 히말라야, 타클라마칸 사막 등 해외여행도 자주하는 영혼이 자유로운 시인입니다. 이 시 역시 운남성을 여행하면서 얻은 시편으로 보입니다. 김영재 시인은 이 시 외에도 「흰 폭포」, 「설산에서, 잠시」, 「차마고도를 걷는 법」 등을 통해 나옹선사처럼 "삶이란 한 조각 구름이 일어남이요(生也一片浮雲起), 죽음이란 한 조각 구름이 사라지는 것이라(死也一片浮雲滅)."는 걸 이미 체득하고 있는 것 같습니다. 나도 어쩌면 "경을 놓"칠 때가 많지만 "바람 따라" 자유롭게 떠돌면서 "경 한 구절 얻"기를 소망하면서 지금껏 여행하는지 모릅니다.

　샹그릴라는 영국의 작가 제임스 힐턴의 『잃어버린 지평선』으로 널리 알려져 인간 낙원을 상징하는 유토피아, 무릉도원 같은 이상향으로 손꼽습니다. 그러나 샹그릴라는 짧은 일정으로 큰 감흥을 주지 못했는데요. 무엇보다 급격한 산업화와 상업화가 부른 결과도 있겠지요.

　샹그릴라에서 하룻밤을 보내고 비행기를 타고 곤명으로 돌아와 도교 사원 금전을 들렀습니다. 수국과 연꽃과 간지럼나무 등 갖가지 꽃들이 피어 있었습니다. 마치 공원을 산책하는 것처럼 마음이 편했습니다. 그중에서 수백 년 묵은 배롱나무가 인상적이었는데요. 배롱나무가 간지럼나무로 불리는 것과 같이 자미화(紫薇花)라 일컫는 것을 여기서 배우게 되었습니다.

금전을 나와 운남박물관 가는 대신 관도고진과 취호공원 관광만을 하기로 했습니다. 시간이 빠듯해 운남박물관 관광이 무리라는 데 모두 동의했는데요. 물론 운남박물관 관람을 할 수 있긴 하지만 관도고진 등을 돌아본 후 가까운 시장에 들러 필요한 물건을 구입하는데 따른 것이지요. 그리고 운남에서의 마지막 식사를 한식으로 하고 마사지를 받은 후 곧바로 공항을 향했습니다.

짧은 시간 운남을 여행하면서 본 것은 여기도 자본의 굴레에서 벗어나지 못하고 있는 것, 산과 강이 돈 벌어들이는 시장이라는 거였습니다. 그러나 "나의 마음은/흙이 만든 것이다 나의 뼈와 폐부도, 흙이다/만약 죽은 후에, 볼 수 없는 저 영혼이/아직도 계속 살아있다면, 그것도 흙이 만든 것"(레이핑양, 「흙먼지(塵土)」)이라고 하는 것처럼 운남의 한쪽은 여전히 저 룽다나 타르쵸처럼 바람의 경전을 읽고 있었습니다. 나도 그 경전을 따라 읽으며 구름이 흐르는 남쪽을 다시 그리워합니다.

불경한 봄날 시비(詩碑) 찾아 한 바퀴

1.

꽃이 피고 새가 우는 날이 와도 봄 같지 않은 봄날입니다. 코로나19 바이러스가 전국으로 확산되고 있기 때문입니다. 큰 추위와 눈도 없는 짧은 겨울을 지나 여느 때보다 매화가 일찍 폈다는 소식을 접하자마자 무슨 날벼락인지요. 생전 듣지도 못했던 코로나19 바이러스는 지난 1월 19일 중국 우한에서 입국한 중국 여성으로부터 최초 확진 판정되면서부터 시작되었습니다. 이후 31번 확진자가 발병하기 전까지 중국과 달리 선진화된 우리의 의료 체계로 조만간 종식될 것이라 믿었던 게 사실입니다. 그러나 현실은 안타깝게도 코로나19가 전국을 공포로 몰아가고 있습니다.

질병관리중앙방역대책본부는 지난 2월 18일 코로나19 확진자가 대구에서도 발생됐다고 밝혔습니다. 다름 아닌 31번 확진자로 동선이 너무 광범위해 지역사회 감염 확산이 크게 우려되었습니다. 실제로 31번 확진자 발생 이후 코로나19 확진자가 대부분 대구·경북 지역을 중심으로 확대되었습니다. 여기에는 대구 신천지 교인이 신천지 교인이 아닌 것처럼 숨어다닌 데서 비롯되었다

합니다. 또한 증상이 코로나19와 같은 데도 자가 격리는커녕 검사를 거부하는 데 따른 것이라 하는데요. 그러고 보면 신천지는 종교가 아니라 대한민국을 지옥으로 몰아가는 아비규환 종교 단체처럼 느껴지는 것은 나뿐만이 아니겠지요.

지난 2월 21일 아들내미 농협대학 졸업식 날 딸내미가 이사를 했습니다. 아들내미 졸업식은 취소되었지만 딸내미 이사를 돕기 위해 식구와 함께 이른 아침 서울 가는 기차를 탔습니다. 기차 안은 쥐 죽은 듯하고 하나같이 마스크를 쓰고 있었습니다. 마스크를 쓰지 않으면 승객의 눈총을 받았을 것입니다. 마스크를 썼다고 하지만 혹여 재채기라도 할까 염려되는 분위기였습니다. 서울역에 내려 택시를 타고 딸내미 사는 집까지 가는 거리는 서울답지 않게 생기가 하나도 없었습니다.

2.

서울을 다녀온 날 바로 여여산방으로 들었습니다. 스스로 자가 격리에 들어간 셈인데요. 봄의 소리가 가까운데 세상이 왜 이리도 엄중한지요. 하루가 다르게 코로나19 확진자가 대구·경북에서 급속도로 증가하고 있습니다. 대구를 다녀간 신천지 교인들로 코로나19 확진자가 전국으로 퍼져나가는 현실을 어떻게 바라봐야 하는지요. 봄날 같지 않은 불경한 봄날, 한겨울도 아닌데 거실 벽난로에 모닥불 피워 놓고 내 속의 불경을 태울 때가 많습니다. 그러다 보면 코로나19도 저 불 속에서 죽어 나자빠지겠지, 주문을 외우기도 합니다.

산방에 틀어박혀 외출을 자제하면서 지낸 지 열사흗날 이른 아침 차를 몰고 무조건 길을 나섰습니다. 그런데 특별하게 갈 곳이 없었습니다. 산길을 벗어나 읍내를 지나고 길 따라 가다 보니 어느새 이원을 지나고 있었습니다. 그때

퍼뜩 신탄진 대청댐이 떠올랐습니다. 그래 그래, 운장 김대현 시인의 시비를 돌아보자, 그리고 둘레길이 있다면 한 바퀴 돌아오자 생각이 들었지요. 그러다가 아니 이왕 대전에 나가니 시비 기행을 하면 어떨까, 누구를 불러 만날 것도 아닌데 하면서 판암동까지 갔습니다. 그리고는 바로 대전문학관으로 갔습니다.

대전문학관도 코로나19 여파로 휴관 중이었습니다. 그동안 대전문학관을 몇 차례 찾았지만 문학기행 일환으로 찾은 적은 한 번도 없었습니다. 시에문학회 정기총회나 지인의 출판기념회 같은 자리가 다였지요. 그런데 홀로 문학기행이라니요. 문학관은 굳게 닫혀 있었지만 야외문학관에 세워진 금당 이재복 시인의 시비에 새겨진 「꽃밭」을 만날 수 있었습니다.

> 노란꽃은 노란 그대로/하얀 꽃은 하얀 그대로//피어나는 그대로가/얼마나 겨운 보람인가//제 모습 제 빛깔 따라/어울리는 꽃밭이여.//꽃도 웃고 사람도 웃고/하늘도 웃음짓는//보아라, 이 한나절/다사로운 바람결에//뿌리를 한 땅에 묻고/살아가는 인연의 빛/너는 물을 줘라/나는 모종을 하마//남남이 모인 뜰에/서로 도와 가꾸는 마음//나뉘인 슬픈 겨레여/이 길로만 나가자
>
> —이재복, 「꽃밭」 전문

금당 이재복 시인의 시를 잘 알지 못합니다. 다만 고등학교 시절 불교를 공부할 때 운장 김대현 시인으로부터 그가 보문고등학교 교장으로 재직하면서 대전 불교 발전에 크게 기여하고 있다는 것을 들었을 뿐입니다. 시비에 새겨진 「꽃밭」을 읽으면서 그가 추구했던 불교적 사유를 바탕으로 "제 모습 제 빛깔 따라/어울리는 꽃밭이"었을 것이라 생각했습니다.

꽃 밭

금당 이재복

노란 꽃은 노란 그대로
하얀 꽃은 하얀 그대로
피어난 그대가
얼마나 거룩한 보람인가

제 모습 제 빛깔대로
어울리는 꽃밭이여
꽃도 웃고 사람도 웃고
하늘도 웃음짓는

보아라 이 한자리
다사로운 바람결에
뿌리를 한 땅에 묻고
살아가는 인연의 빛

너는 무엇 저마다
나는 모종을 하며
서로 도와 가꾸는 마음
담담이 보이는 들에

나귀인 돌을 새겨
아기로만 목차자

불경한 봄날 시비(詩碑) 찾아 한 바퀴

대전문학관을 나와 김대현 시인의 시비를 찾아 대청댐으로 가기 전에 성남동 네거리를 찾았습니다. 고등학교 때 운장 김대현 시인이 지도했던 불교동아리 '법륜'과 문학동아리 '보리수문학회'가 있던 불교병원을 찾아보기 위해서였습니다. 골목 안을 들어서자 불교병원은 사라지고 없었지만 운장 김대현 시인이 합장하며 '어서 오시게, 그간 안녕하셨지' 하며 반갑게 인사를 건네는 듯했습니다.

나는 한때 중이 되고자 했습니다. 그래서 시보다는 불교를 더 많이 좇았는지 모릅니다. 운장 김대현 시인과의 만남도 불교로 만났기 때문에 오랫동안 법사님으로 불렀는데요. 고등학교 때 사단법인 대한생활불교회 내 충남고와 충남여고가 함께하는 불교동아리 '법륜'을 활동하고부터였습니다. 불교병원 내 3층은 법당이었고 2층 계단 옆 바로 작은 공간에 대전 시내 고등학교 연합 문학 동아리 '보리수문학회'가 있었습니다. 고등학교를 졸업했을 때였던가요. 어떤 연유였는지 '보리수문학회'가 해체될 위기에 놓였다는 소식을 들었고요. 그 이후 김대현 시인의 권유로 '보리수문학회' 지도부장을 맡아 한동안 '법륜'보다 '보리수문학회'를 자주 들락거렸습니다.

    하늘이 와서 쉬나니
    강물이 어이 자리오

—김대현, 「강」 전문

선생님 시비를 찾을 때마다 마음이 여간 아픈 게 아닙니다. '보리수문학회'를 끝까지 지켜내지 못했기 때문입니다. 거기다가 선생님이 돌아가시기 전 노환으로 병원에 입원했다는 소식을 접하고도 찾아뵙지 못했으니 어찌 그 죄를

다 용서받을 수 있겠는지요. 그래도 선생님은 빙그레 웃으시며 "하늘이 와서 쉬나니/강물이 어이 자리오" 눈물을 닦아주시는데요. 발길을 돌리면서 "울리긴 울려야/절심한 느낌이 울리긴 울려야/물방아 소리라도 남아/울리긴 울려야/우리네 인정의 그리움/바라다 보면서/만져 보면서/생각하면서"(김대현, 「靑紙 한 장 4—물방아」, 『雲藏 金大炫 詩文選 2』(正明社, 1983) 선생님을 그렸습니다.

3.

 2000년 석사과정을 마치고 바로 박사과정을 밟으면서 첫 대학 강의를 목원대학교에서 시작했습니다. 목원대학교 국어교육학과 교수로 있는 홍희표 시인의 배려로 강사 자리를 얻게 되었는데요. 실천문학사를 주식회사로 전환할 당시 선생님께서도 주주로 참가하게 되면서 인연을 맺었습니다.

 십 년이면 강산이 변한다고 했던가요. 아니 요즘은 일 년이면 강산이 두서너 차례 변한다는 말도 있지만 목원대학교 주변이 너무 변해 놀랐습니다. 학교 주변 과수원과 화원 등은 보이지 않고 아파트와 상가와 원룸 등으로 마치 딴 세상에 와 있는 것 같았습니다. 그래도 학교는 바깥세상의 변화를 따라가지 않고 예전 그대로의 나지막한 서구풍의 건물이 그대로여서 다행이었습니다.

목원대학교도 코로나19 여파로 휴강 중이어서 절간같이 조용했습니다. 인문관 앞에 차를 세우고 몇 발짝 걸으니 바로 길옆 잔디밭에 작고 아담한 시비가 달새처럼 앉아 있었습니다.

달새가/보름달만/기리듯/살구꽃/종다리만/기리듯/알록달록/달새만 기리듯
—홍희표, 「길」 전문

홍희표 시인은 1980년 3월 목원대학교 국어교육과 개설 초기에 교수로 부임하여 31년간 교육계에 헌신하면서 대전문학 발전에 크게 기여했습니다. 특히 목원대학교 문학동아리 '예촌문학동인회'의 지도교수로 활동하면서 많은 문인을 배출하기도 하였는데요. 그는 한밭의 토박이로 자긍심이 무척 강했습니다. 평소 박용래 시인을 좋아해 만날 때마다 박용래 시인의 일화와 시 세계를 이야기하는 걸 잊지 않았습니다. 이 시비에 새겨진 길을 따라 박용래 시인의 시비를 찾아 보문산 사정공원으로 향했습니다.

박용래 시인의 시를 처음 접한 것은 1978년으로 기억됩니다. 박용래 제2시집이자 시선집인 『강아지풀』(민음사, 1975)입니다. 이후 1979년 그의 세 번째 시집 『白髮의 꽃대궁』(문예미학사, 1979)도 읽을 수 있었는데요. 어느 것 하나 가슴에 와 닿지 않는 시편이 없었습니다.

늦은 저녁때 오는 눈발은 말집 호롱불 밑에 붐비다

늦은 저녁때 오는 눈발은 조랑말 발굽 밑에 붐비다

늦은 저녁때 오는 눈발은 여물 써는 소리에 붐비다

늦은 저녁때 오는 눈발은 변두리 빈터만 다니며 붐비다

—박용래, 「저녁눈」 전문

　위 시는 박용래 시인의 대표작 중 하나로 1969년 현대시학사가 제정한 제1회 작품상 수상작입니다. 박용래 시인의 시편 가운데 이 시가 시비로 세워진 데는 그가 생활했던 대전의 풍경과 정서를 가장 명징하게 담고 있어서일 겁니다. 이 시가 쓰여질 무렵 그는 대전 변두리(오류동) 어디쯤 살았을 것으로 생각되는데요. 그 단적인 예가 "조랑말 발굽"을 통해 알 수 있습니다. 근대 도시로의 성장을 꿈꾸는 대전 변두리의 겨울 풍경이 생생하게 그려집니다.

이문구 소설가는 박용래 시인을 가리켜 "살아서는 그의 작품을 모르던 이가 없고, 죽어서는 그의 이름을 지울 이가 없을 터임에 세상은 그를 일러 시인이라" 하면서 "앞에도 없었고 뒤에도 오지 않을 하나뿐인 정한(情恨)의 시인이여"(『먼 바다』, 창작과비평, 1984) 예찬한 바 있습니다. 고개가 끄덕여집니다. 「저녁눈」을 읊조리며 한용운 시비와 김관식 시비를 돌아보고 바로 한성기 시인의 시비를 찾아 차를 몰았습니다.

한성기 시인의 시비는 대전시민회관 앞에 세워져 있었습니다. 그런데 이번에 대전시민회관이 사라졌다는 걸 알게 되었습니다. 그 자리에는 둥그런 '대전예술가의집'이 새로 들어서 있었는데요. 그것도 모르고 대전시민회관 앞 한성기 시인의 시비를 찾기 위해 큰길을 따라 한 바퀴 돌았습니다. 그동안 나는 대전시민회관과 대전예술가의집이 따로 각각 있는 줄로만 알았습니다.

푸른 불 시그낼이 꿈처럼 어리는/거기 조그마한 驛이 있다.//빈 待合室에는/의지할 椅子 하나 없고//이따금/急行列車가 어지럽게 경적을 울리며/지나간다.//눈이 오고/비가 오고……//아득한 線路 위에/없는 듯 있는 듯/거기 조그만 驛처럼 내가 있다.

—한성기, 「驛」 전문

한성기 시인은 대전을 대표하는 시인으로 1984년부터 작고하기까지 『현대문학』 추천위원으로 활동하였습니다. 그리하여 대전의 시인 중 많은 시인이 『현대문학』을 통해 등단할 수 있었습니다. 시비에 새겨진 『驛』과 관련하여 충북 황간역을 배경으로 쓰여졌다고 전해지기도 하는데요. 한성기 시인이 신경 쇠약으로 1959년 추풍령 인근 용문산 기도원에 들어갔다가 1963년 투병 생활을 끝내고 추풍령에서 문구점을 운영한 적이 있습니다. 그리고 이듬해 영동읍 내로 나와 고추 가게를 운영했던 것도 사실입니다. 그러나 이 시가 1952년 모윤숙 시인으로부터 『문예』지에 초회 추천된 것으로 보아 상관성이 있는지는 모르겠습니다. 그렇지만 만약 한성기 시인이 1964년 이후로도 계속 영동군에 살았더라면 이 시는 아마도 명실상부하게 황간역으로 알려져서 역 앞에 시비가 세워지지 않았을까 생각이 듭니다.

4.

대전예술가의집 근처에서 커피를 한잔 마실까 했습니다. 가까운 지인에게도 알리지 않고 홀로 여행하는 마당에 뭔 커피야 하고는 곧바로 대전대학교로 향했습니다. 대전대학교도 한때 강의를 했던 곳인데도 너무 오랜만에 와서 그런지 입구를 찾는데 한참 애먹었습니다. 가까스로 인문사회관을 찾아가 차를 세우고 작은 공원 내 정의홍 시인의 시비를 돌아봤습니다. 정의홍 시인 역시 홍희표 시인과 같이 실천문학사 주주로 참여하게 되면서 인연을 같이했습니다. 그런데 1996년 5월 불의의 교통사고로 생을 마감했습니다. 그때 중앙일보 이경철(시인, 문학평론가) 기자와 함께 장례식장을 찾아 조문했습니다.

이제 우리도/서로의 마음을 낮춰야 할 때다/물은 건너 봐야 알고/사람은 겪어 봐야 아는데/우리는 왜 만남도 없이/이대로 이대로만/병이 들어야 하는가/서로의 믿음을 세우기 위해/세상을 똑바로 보기 위해/다시는 어둠 속에 갇히지 않기 위해/이제 우리도/서로의 마음을 낮춰야 할 때다

―정의홍, 「우리나라」 전문

정의홍 시인은 시비 후면에 "모순과 갈등으로 가득한 현실 속에서 불의에 저항하며 꿈과 이상의 시혼을 밝혀온 동시대의 진정한 이미지스트였던 그의 시정신과 문학적 업적을 기려 대전대학교에 이 시비를 세운다" 밝히고 있습니다. 몇 년간 대전대학교에서 강의를 했으면서도 그동안 시비가 여기에 있다는 것도 몰랐다니 참으로 부끄럽고 죄스러워 한참을 서성이다가 머들령으로 발길을 돌렸습니다.

정훈 시인은 대전을 상징하는 대표적 시인입니다. 그는 1940년 『가톨릭청

년』을 통해 「머들령」을 발표하면서 시작 활동을 전개합니다. 그리고 첫 시집 『머들령』(계림사, 1949)을 발간하는데요. 이 시집이 광복 이후 최초로 대전에서 발간된 시집이라 전합니다. 특히 '머들령'은 대전에서 문학했던 청소년들의 문학동아리 이름으로 오래도록 동경의 대상으로 남아 있습니다.

> 요강원을 지나/머들령/옛날 이 길로 원님이 나리고/등짐장수가 쉬어 넘고/도적이 목 지키던 곳/분홍 두루막에 남빛 돌띠 두르고/할아버지와 이 재를 넘었다/뻐꾸기 자꾸 울던 날/감장 개명화에 발이/발이 부르트고/파랑 갑사댕기/손에 감고 울었더니/흘러간 서른 해/유월 하늘에 슬픔이 어린다
>
> ―정훈, 「머들령」 전문

정훈 시인의 시비를 맨 마지막 목적지로 한 이유가 있습니다. 금산을 지나 금강을 따라가며 저녁놀을 구경하기 위해서였지요. 그런데 만인산 자연휴양림에 도착했을 때 여기는 코로나19와 상관없이 차량과 사람들로 붐벼서 여간 놀란 게 아닙니다. 휴게소 주차장은 물론 양쪽 도롯가에도 주차할 공간이 없어 한참 동안 주차장과 도로를 왔다 갔다 하다 겨우 차를 세울 수 있었습니다.

사람들 무리를 따라 정훈 시인의 시비를 찾아가는데 한 건물 앞에 길게 줄 서 있는 사람들을 봤습니다. 혹시 마스크를 사려고 줄 서 있나 했는데 이 산중에 약국이 있을 리 만무하지요. 코로나19 감염 때문에 2m 사회적 거리두기로 엄중한 시기인데 의아했습니다. 그런데 보니 호떡집 줄이었습니다. "호떡집에 불났다"는 소리는 많이 들어봤습니다. 그런데 아직까지 호떡집에 불난 걸 본 적은 없습니다. 내가 정훈 시비를 찾아온 건지 호떡집 불난 걸 구경 왔

는지 한참 멍멍했습니다. 나중에 엄니 집에 갔다가 동생이 와 있길래 혹시 만인산 자연휴양림 휴게소 호떡집 가봤냐고 물었습니다. 그랬더니 단박에 "아, 그 호떡집. 사람들이 하도 많아서 호기심에 사 먹어 봤는데 그렇더만. 형도 그래 줄 서서 사 먹어 봤어요?" 하며 웃었습니다.

 호떡집 불구경을 실컷하고 정훈 시인의 시비를 찾아갔습니다. 그리고 출렁다리를 걷다가 만인산 생태로를 걸어보고 싶었습니다. 그러나 날이 저물고 해서 다음을 기약해야 했습니다. 다시 만인산 휴양림을 찾을 때 호떡도 사 먹어 보고 정훈 시인이 어린 시절 오르내렸다는 머들령을 제대로 걸어보고 싶습니다.

대전을 그릴 때마다 먹먹할 때가 많습니다. 대전 외가댁에서 초등학교를 다녔지만 적응하지 못하고 도로 고향으로 돌아가 중학교를 졸업해야 했습니다. 그리고 다시 고등학교를 대전에서 다녔지만 학교 공부는 방기한 채 문학과 불교로 떠돌면서 부모님 걱정을 여간 끼쳤던 게 아닙니다. 어디 그뿐이겠는지요. 운장 김대현 시인뿐만 아니라 많은 선생님과 시인으로부터 은혜를 입었음에도 아직까지 제대로 은혜를 갚은 적 없으니 가슴이 시립니다.

뜻하지 않게 홀로 문학기행을 하면서 많은 것을 배우며 얻었습니다. 대전은 발 딛는 곳마다 시이고 시비로 빛나고 있었습니다. 지난 2016년 작고한 임강빈 시인의 시비도 올해 보문산 사정공원 내 세워진다고 들었습니다. 임강빈 시인의 시비가 세워지면 다시 대전의 시비를 돌아볼 예정입니다. 그때는 오늘 같이 주마간산 격으로 시비를 찾는 것이 아닌 고등학교 때 문학을 같이했던 지인들과 사나흘 시를 나누고 소주도 나누면서 제대로 된 문학기행을 할 것입니다.

머들령을 넘어 산방으로 돌아오는 길 해가 서산에 걸려 있었습니다. 흐르는 강물 따라 저녁노을이 붉게 탔는데요. 저 노을 속으로 코로나19가 영영 사라지면 얼마나 좋을까요. 어지럽고 아픈 세상 얼른 걷히고 "꽃도 웃고 사람도 웃"으며 꽃과 나비가 붕붕거리는 진정한 봄날을 간절하게 소망합니다.

조치원 아홉거리 길목 따라서

부처님 오신 날 열차를 탔습니다. 임근수 시인과 조치원을 가는 내내 여러 잔상들이 차창에 얼비쳤습니다. 그중에서 조치원에 언제 첫발을 내디뎠는지 전혀 기억이 없습니다. 아마도 청주에서 대학 생활을 할 때가 아니었나 짐작할 뿐입니다. 그 당시 청주가 적응이 안 되어 영동에서 청주까지 버스를 타고 통학을 했습니다. 수업을 파하고 술자리가 길어지는 날이면 으레 영동 가는 버스가 끊기고 대전까지 가는 버스마저 사라지면 어쩔 수 없이 시내버스를 타고 조치원으로 나와 열차를 탔습니다. 조치원은 나에게 말 그대로 통과객에 대한 자리를 빌려줬을 뿐입니다.

대학을 졸업하고 조치원 여자와 결혼했습니다. 그때부터 일 년에 한두 차례 처갓집에 가기 위해 조치원에 갔습니다. 지금은 시와에세이 사무실이 거기 있으니 자주 조치원을 찾는 편입니다. 그런데도 조치원에 대해 아는 게 별로 없었습니다.

봄날인데도 마음대로 여행다운 여행을 할 수 없으니 시절이 참 그렇습니다. 며칠 전 임 시인과 술자리에서 초파일에 특별한 일이 없으면 조치원이나 가자

했습니다. 그는 지난해 말 『어느 정도 나이 들어 저승길도 보이고』 시집을 출간한 효림 스님의 절을 찾아가는 줄 알고는 흔쾌히 "그려요." 했는데요. 물론 경원사도 들를 예정이지만 시간이 되는 대로 조치원 명소와 문학의 흔적을 찾아보기로 했었지요.

조치원역에 도착하니 이곳 토박이 시인 진영대 형과 성배순 후배가 반갑게 맞아주었습니다. 진영대 시인이 안내하는 곳을 따라가니 고 장시종 시인이 살던 집이었습니다. 지금은 교회 간판이 걸려 있는데요. 장시종 시인이 작고하기 몇 년 전 팔았다고 합니다. 이 집은 진영대 시인이 늦깎이로 등단한 1997년 이종진 시인과 하룻밤 묵었는데도 교회 간판처럼 낯설게만 느껴졌습니다.

장시종 시인이 살던 집을 지나 다른 골목으로 들어서니 「반칙왕」 촬영 권투체육관 간판이 보였습니다. 이곳은 오랜 역사를 지닌 권투도장으로 유명하다는 걸 성배순 시인을 통해 알게 되었습니다. 2000년 송강호 주연 「반칙왕」의 무대가 되면서 더욱 유명해졌다고 합니다.

문화정원에 도착하니 어린아이들이 신식 그네를 타고 있었습니다. 이쁜 한복을 차려입은 여자아이가 사내아이가 탄 그네를 세게 밀자 "간 떨어지겠네." 하면서 깔깔거렸습니다. 우리도 그 소리에 덩달아 손뼉을 치며 껄껄대니 남매인 듯한 두 아이가 놀라 우리를 빤히 쳐다봤습니다. 이 아이들의 맑고 환한 웃음 덕분에 조치원이 갑자기 생기가 일었습니다.

문화정원이 문화정원답게 꾸며진 것 같았습니다. 2019년 일상생활 속의 공간을 창의적인 아이디어로 탈바꿈시켰다는데요. 아름답고 쾌적하며 편리하고 즐겁게 이용할 수 있는 공간이기에 '대한민국 공간 문화대상' 대통령상을 수상한 게 당연한 것처럼 보였습니다. 그네를 타는 아이들을 뒤로하고 고 김제영 소설가의 발자취를 찾아 자리를 옮겼습니다.

조치원에서 고 김제영 소설가를 모르는 사람이 없습니다. 특히 문학하는 사람들은 그를 조치원 문학의 어머니로 부릅니다. 그녀는 1956년 조치원의원을 개업한 남편을 따라 조치원에 정착했다는데요. 2018년 이 세상을 하직하기 전까지 60여 년 동안 후배들의 문학을 격려하고 지원했다고 합니다. 이 지역 출신 강신용 시인은 그의 첫 시집 『가을 城』(장학사, 1985)이 출간되었을 때 김 선생님이 직접 문인들을 초대해 출판기념회까지 열어주었다면서 아직까지 그 고마움을 잊지 못한다고 했습니다. 그녀의 따뜻한 후원의 손길이 어디 문학뿐이었겠는지요. 그림과 무용 등 다른 예술 장르의 예술인들에게도 구심적 역할을 했다니 진정한 조치원의 대모라 칭송할 만합니다.

김제영 소설가는 죽산 조봉암 선생님의 비서로 활동한 이후에도 이 땅의 민주화와 정의 실현에도 큰 공헌을 한 것으로 평가받고 있습니다. 1959년 조봉암 선생님은 진보당 사건으로 사형을 선고받고 이 세상을 떠났습니다. 그녀는 억울하게 죽은 조봉암 선생님의 복권을 위해 많은 노력을 한 것으로 알려져 있습니다. 그 결과 2011년 1월 대법원의 무죄 판결을 받아냅니다. 조치원이 세종특별자치시로 전환된 이후에도 선생님은 세종의 예술과 문학 발전을 위해 한국민족예술인총연합 세종지부 설립 등 지속적인 성원과 사랑을 펼친 것으로 알고 있습니다.

선생님은 1960년 서울신문 신춘문예 「석려(夕麗)」로 당선된 소설가입니다. 그러나 이후 많은 소설을 쓰진 않았지만 칼럼니스트 등으로 활동하였습니다. 그리고 1990년 중반 실천문학사 주식회사로 전환될 때 주주로 참여하면서 간

간이 전화 통화를 하면서 조치원 가게 되면 인사드리겠다고 약속을 해놓고는 지키지 못해 마음이 편치 않았습니다. 그런데 김제영 소설가의 업적을 기리기 위해 '김제영문학관' 설립 추진위가 결성되었다는 반가운 기사를 봤습니다. 가까운 날 김제영문학관이 만들어지면 '역전소묘길'과 더불어 조치원이 문화·예술의 거리로 거듭날 것 같습니다.

　가는 날이 장날이라 했는데 운 좋게 조치원 장을 구경할 수 있었습니다. 조치원 장의 규모가 엄청나서 놀랐습니다. 그동안 조치원에 대해 얼마나 무지했는지 실감했습니다. 시장을 구경하면서 임근수 시인한테 "영동장보다 엄청나지." 했더니 "그럼요, 영동장은 여기에 비하면 좀 그렇지요." 하면서 허허 웃습니다. 시장 한 바퀴 돌고 나오면서 조치원테마거리(52미터의 마실거리)의 마실문방구, 마실토리공방, 마실카페 등을 돌아보고 이른 점심을 먹기 위해 이바돔을 찾았습니다. 장시종 시인의 부인이 운영하는 조치원의 명소 중 하나인 이바돔에 도착했을 때 문이 닫혀 있어서 부처님 오신 날이라 혹 쉬는 건 아닌지 걱정했습니다. 전화를 넣었더니 청소 중이라 그렇다며 곧 문이 열렸습니다. 예전과는 실내가 많이 바뀌어 있었습니다. 사모님과 인사를 나누고 고인이 된 장시종 시인의 죽음에 대해 이야기를 들었습니다. 그에게 전화를 넣었을 때 몸이 불편해 병원에 입원했다는 건 알고 있었지만 그리 쉽게 세상을 떠날 줄 몰랐습니다.

이바돔에서 점심을 들고 나오면서 그와 가장 가깝게 지냈던 박중식 시인에게 전화를 넣었습니다. 그랬더니 그도 "시종이 형이…" 하면서 슬픔의 한숨을 쉬었습니다. 그리고 『세종문학』에서 형을 추모하는 시를 써달라고 해서 썼다면서 문자로 보내줬습니다. "저 언덕 너머/너설벼랑에/기괴하게 혼자 피었던 언령(言靈)//시종화(始終花) 어델 갔나?//무주(無住)의 그늘 적연(寂然)히/이명(耳鳴)으로 울려 퍼지는/지금"(『팔배나무 아래서』)을 읽으면서 고인을 추모했습니다.

    아홉거리 길목 따라
    잔치꽃 피어나는
    복숭아밭

    해마다 사월이 오면
    어김없이 날 찾아와
    가슴 설레게 한다.

    화냥기 짙은 계집마냥
    속살 남실거리며
    날 미치게 한다.

    조치원읍 신흥동 아홉거리
    그 굽이마다 지천으로 흐드러지는
    복숭아꽃

―강신용, 「복숭아밭」 전문(『복숭아밭은 날 미치게 한다』, 문경, 1993)

조치원 하면 복숭아입니다. 장인어른도 직장을 다니면서 언덕배기 작은 밭에 복숭아 농사를 지었습니다. 그래서 몇 번 복숭아 농사를 거들어드린 적이 있는데요. 그때마다 장인어른은 복숭아는 조치원 복숭아가 젤로 맛있다며 자랑이 컸습니다. 조치원 시인들을 만나면 이구동성으로 복숭아꽃밭의 아련한 추억을 들려줍니다. 장시종 시인을 처음 만날 때도 그러했고, 강신용 시인도 마찬가지였습니다. 그러니 "조치원읍 신흥동 아홉거리"를 돌아봐야 하는 건 당연한 일이지요. 그런데 막상 아홉거리를 찾았을 때 복숭아밭 대신 고층아파트와 주택과 상가들이 즐비해서 어안이 벙벙했습니다. 그래도 강신용 시인의 시를 좇아 "굽이마다 지천으로 흐드러지"게 피었던 옛날의 '복숭아꽃' 길이라 생각하면서 걸었습니다. "날 미치게" 했던 젊은 날의 복숭아꽃밭이 눈앞에서 자꾸 어른거렸습니다.

고복저수지 들르기 전 고 장시종 시인이 집필실 겸 농막으로 사용했던 거처를 찾았습니다. 아주 오래전 이곳을 들렀었는데요. 그땐 몽고 텐트가 쳐져 있어 야생의 이국적 풍경을 좋아하나 보다 생각했지요. 그런데 몽고 텐트는 사라지고 그 옆에 작은 움막 같은 낡은 집 한 채가 있었습니다. 진영대 시인에 의하면 이 집은 장 시인이 기거하면서 꽃도 가꾸고 시도 쓰면서 자연스런 삶을 꿈꾸었다는데요. 그 꿈을 다 이루었는지는 모르겠지만 몹쓸 위암으로 너무 일찍 세상을 떴다며 진영대 시인은 안타까워했습니다.

고복저수지는 조치원 올 때마다 자주 들렀던 곳이라 낯설지 않습니다. 하지만 예전 그대로 고복저수지가 그리울 때가 있습니다. 그땐 찾는 사람도 그리 많지 않았고 주변에 복숭아밭과 배밭이 있어 여느 농촌과 크게 다르지 않았지요. 그러나 지금은 그 자리에 식당과 카페가 들어서 세월의 변화를 실감케 합니다. 저수지 주변으로 산책길이 조성되고 이쪽저쪽 차량까지 자유롭게 왕래하니 마치 도심 한가운데 호수처럼 느껴집니다. 그러나 저수지의 물빛은 옛날이나 지금이나 한결같습니다.

이번 조치원의 마지막 행선지는 부처님 오신 날인 만큼 절을 찾는 것으로 했습니다. 이른 아침 승용차편으로 장군면 영평사를 들렀다가 조치원으로 건너갈까 했습니다. 그러나 열차 편으로 움직이는 바람에 조치원을 돌아본 후 전의면 비암사를 경유 같은 면 경원사 효림 스님을 뵙는 것으로 했습니다. 코로나19 엄중한 사회적 거리두기를 실천하면서 여행하기란 쉽지 않았습니다. 여행 인원은 4인으로 하고, 점심 식사는 평상시보다 1시간 여 앞당겨 먹고, 절 또한 봉축식이 있는 오전보다 오후를 선택했습니다.

비암사 들렀을 때 맨 먼저 반겨주는 것은 어마어마하게 큰 느티나무였습니다. 이 나무는 수령이 800여 년이나 되었다 하는데요. 이 나무를 소개하는 표지석에는 "흉년에는 잎이 밑에서부터 피어 위쪽으로 피어오르고, 풍년에는 위에서 아래쪽으로 피어 내린다"고 적혀 있었습니다. 그렇다면 대부분 나무는 어느 쪽부터 잎이 피어나는 걸까요. 아무튼 신비로운 노거수 어른에게 두 손을 모아 예를 갖추고 절 마당으로 들어서자 어린아이를 데리고 온 젊은 부부를 비롯해 많은 사람들로 북적북적했습니다. 아무래도 연기군이 세종특별자치시가 되면서 젊은 공무원들이 많이 유입되고 큰 도시가 되어가면서 절까지 활기를 띠는 듯 보였습니다.

경원사도 비암사와 크게 다르지 않게 사람들로 북적였습니다. 여느 해 초파일 같으면 봉축식이 끝나고 점심 공양이 끝나 한가해야 할 절이 그렇지 않으니 신기했는데요. 저들도 우리와 같은 생각으로 늦게 절을 찾은 게 아닌가 싶었습니다. 아직도 절을 찾는 불자들이 많음에도 효림 스님은 우리들을 위해 텐트 안 의자를 내어주고 일행을 반겼습니다.

이번 조치원행은 아쉬움이 많고 큽니다. 장욱진 화백의 생가를 찾지 못하고 또한 윤조병 극작가의 문학의 흔적을 좇아가지 못해서 그렇습니다. 코로나19

가 아니었다면 조치원 출신 문인들과 교류의 밤도 가지면서 여행이 여행답게 할 수 있었을 것입니다. 이번 여행은 다음을 기약하는 사전 답사로 여기기로 했습니다.

  열차를 타고 내려오는 내내 조치원의 여러 잔상들이 시의 물결처럼 스쳐 지나갔습니다. 기형도 시인의 「鳥致院」이 지나가고 오철수 시인의 「조치원역」이 또한 지나갔습니다. 그리고 진영대 시인의 「길고양이도 집이 있다」가 지나가고 성배순 시인의 「조치원 엘레지」가 지나갔습니다. 다음 조치원 여행은 코로나19도 없고 그냥 스쳐 지나가는 나그네가 아닌 머묾의 여행을 꿈꿉니다. 그리고 조치원 아홉거리 골목을 따라서 세종 곳곳 생생한 여행을 그려봅니다.

빛을 찾아가는 길

　마스크를 쓰는 것이 일상이 되어버린 지 오래입니다. 오히려 마스크를 쓰지 않는 게 이상하니 세상 사는 양식이 묘합니다. 방문하는 곳마다 발열 점검을 받고 출입명부를 작성하거나 080 안심콜을 통해 자신의 흔적을 남깁니다. 또한 사적 모임 제한을 철저하게 따르면서 볼일을 봐야 합니다. 그러니 자유로운 여행을 꿈꾼다는 건 이제 불가능한 사회가 되었습니다.

　여름이 끝나갈 무렵 손전화에 저장되지 않은 낯선 전화를 받았습니다. 안동의 김윤한 시인이었습니다. 김윤한 시인! 그의 이름을 저장하고 몇 차례 통화가 이루어졌습니다. 전화를 걸고 받을 때마다 손전화 화면에 나타나는 이름이 안동 출신 김윤환 시인과 겹쳐졌습니다. 그래서 그런지 금방 그와 친해질 수 있었습니다.

　코로나19가 아니더라도 산방 생활은 혼자 시간을 보낼 때가 많습니다. 그렇지만 사람과 사람 사이 소통은 자유로웠습니다. 그리고 마음이 움직이는 대로 여행을 떠날 수도 있었습니다. 그러나 코로나19 이후 혼족으로 살아갑니다. 혼자 밥을 먹고 혼자 술을 마시며 혼자 여행을 합니다. 여행이라야 멀리 가지 못하고 산방에서 가까운 월류봉과 반야사와 천태산 은행나무, 금강변을 휑하니 바람처럼 다녀오는 게 전부입니다. 그래서 발품을 파는 여행 대신 눈으로 즐깁니다. 평소 즐겨 보았던 「세계테마기행」을 비롯해 「걸어서 세계 속으로」, 「세계견문록 아틀라스」, 「테마기행 길」, 「화첩기행」, 「영상앨범 산」, 「신계숙의 맛터사이클」, 「한국기행」 등을 티비나 유트브를 통해 다시 보기도 합니다. 어떤 프로는 하도 여러 번 봐서 마치 내가 거기 사는 사람처럼 느껴질 때도 있습니다.

김윤한 시인이 네 번째 시집을 낸다고 했습니다. 시집 해설 등에 대해 통화 중 코로나19이긴 하지만 시간 나면 안동 한 번 다녀가면 어떻겠냐는 김 시인의 제안이 있었습니다. 인사도 나눌 겸 해서 조만간 찾아뵙겠다 했습니다. 그날 이후 영주 부석사를 비롯해 봉화 불영사, 울진 죽변, 후포 바다 등 눈에 어른거렸습니다. 그러던 중 아직 한 번도 가보지 않은 영양이 그려졌습니다. 이번 외유는 김 시인을 만나는 구실 삼아 영양을 여행하기로 마음 정했습니다. 안동은 여러 차례 다녀왔으므로 김 시인 만나는 것만으로도 행복할 거라 믿기 때문입니다.

안동 약속이 오후로 잡힌 날 어둠이 걷히기 전 이른 새벽 산방을 나섰습니다. 내비게이션이 가리키는 길을 따라 빗길을 달렸습니다. 황간을 지나 추풍령에서 상주·김천 방향으로 들어설 때 혼란스러웠습니다. 왜 이 길로 안내하지? 예전에 이 길을 따라 김천 지인의 집을 한 번 들른 적이 있지만 어두컴컴한데 비까지 뿌리니 어디가 어딘지 도저히 분간이 가지 않았습니다. 거기다가 안내하는 길을 놓치면서 마치 도깨비한테 홀렸나 정신이 혼미해졌습니다. 차라리 익숙한 길로 갈 걸 후회막급이었습니다. 구불구불 산길을 벗어나자 내비게이션은 남상주IC 방향을 가리키고 있었습니다.

동청송·영양IC를 빠져나오자 처처가 사과밭입니다. 그리고 꽃돌 가게들이 즐비했습니다. 얼마를 더 가니 객주문학관의 이정표가 보였는데요. 잠깐 들를까 생각하다 곧바로 영양군 석보면 두들마을을 찾았습니다.

　두들마을은 '언덕 위에 있는 마을'로 오래전 석계 이시영 선생이 정착한 후 재령이씨 집성촌을 이루면서 오늘에 이르고 있답니다. 또한 조선 시대 말 이곳에 국립병원격인 광제원이 있었다 하여, '원두들, 원리'라 부르기도 한다는데요. 주차장에 차를 세우고 우산을 쓰고는 주차장 앞 음식디미방체험관을 들렀습니다. 안내판에 "점심은 2인 이상, 저녁은 10인 이상 예약 가능합니다"라고 적혀 있었습니다. 그러나 코로나19 여파로 오랫동안 운영하지 않은 듯 사람의 온기라고는 어디에서도 찾을 수 없었습니다.

코로나19로 가장 큰 타격을 입은 업종 중 하나가 관광 관련업이 아닐까 합니다. 나부터 해외여행은커녕 국내 여행도 맘대로 하지 못하고 있으니까요. 따지고 보면 이번 여행도 김윤한 시인과 약속이 없었다면 아마도 엄두도 내지 못했을 겁니다.

평소에는 아침밥을 먹지 않으나 여행할 때에는 챙겨 먹는 편입니다. 더구나 꼭두새벽부터 움직였으니 배가 허전했습니다. 식당은 이른 시간이라 그런지 문이 닫혀 있습니다. 그래서 간단하게 라면이라도 먹을 수 있을까 휴게소를 들렀는데요. 간판만 휴게소지 시골 다방이었습니다. 라면 대신 다방 커피를 마시면서 두들마을에 대해 이것저것 물었더니 주인 여자는 뜨내기꾼 장사인지 아는 게 아무것도 없었습니다.

휴게소를 나와 주차장 옆 큰길을 따라가니 장계향문화체험교육원과 전시관 등이 대궐같이 서 있습니다. 최근 지어진 건물인 듯 이름과 달리 옛것의 향기는 찾아볼 수 없을 것 같았습니다. 그래서 그냥 발걸음을 돌렸습니다.

언덕길을 올라서니 '녹동고가(洞故家) 광고신택(廣皐新宅)' 현판이 걸린 큰 기와집이 나타났습니다. 그리고 옆 건물은 "잠깐 쉬어갑니다./삶이 아름다워집니다" '두들 책사랑'이었습니다. 그런데 안으로 들어가니 폐가 그 자체였습니다. '행복과 추억과 설렘을 담아 보내진 달로부터 1년 후 그달의 마지막 날에 발송'된다는 '느린 우체통'도 페인트가 벗겨지고 검은 때가 닥지닥지 붙은 채 방치되고 있었습니다. 코로나19의 폐해가 구석구석 파고들었다는 걸 확인하는 순간이었습니다.

이 한옥은 2001년 이문열 소설가에 의해 지어진 것으로 알려져 있습니다. 그간 사정이 어떠했는지 알 수 없으나 방문객을 위해 휴관(폐관) 안내 현수막이라도 걸었어야 하는 건 아닐까요. 영양군 홈페이지에도 아직도 '광산문우

(廣山文宇)' '북카페—두들책방'으로 안내하고 있으니 참 그렇지요.

　두들책방을 나와 석계고택과 석천서당과 유우당을 돌아봤습니다. 석천고택 입구의 돌담 옆 수령 200년을 자랑하는 눈향나무가 인상적이었습니다. 유우당 앞뜰의 상사화는 빗물에 젖어 고개를 숙이고 있었지만 그렁그렁 그리움 그 자체였습니다. 우산을 접어 들고 비를 피해 석간고택 처마 아래 서성이다가 다음 행선지를 찾아 또다시 우산을 펼쳤습니다. 고택 한옥체험 민박집을 지나 주차장으로 향해 걷는데 어디선가 "딸그락 딸그락" 나막신 소리가 들리는 듯 했습니다.

　　은하 푸른 물에 머리 좀 감아 빗고

　　달 뜨걸랑 나는 가련다.

　　목숨 수(壽)자 박힌 정한 그릇으로

　　체할라 버들잎 띄워 물 좀 먹고

　　달 뜨걸랑 나는 가련다.

　　삽살개 앞세우곤 좀 쓸쓸하다만

　　고운 밤에 딸그락 딸그락

> 달 뜨걸랑 나는 가련다.
>
> ─이병철, 「나막신」 전문

　이 시는 오래전 신경림 시인으로부터 여러 차례 들었습니다. 선생님은 이 시를 고등학교 때 처음 읽고는 바로 외웠다는데요. 그 후로 이 시를 암송하면 '마음이 편해지고 고요해지면서 아름다운 세계가 절로 펼쳐진다'고 했습니다. 그런 시를 영양 두들마을에서 직접 만나니 감회가 컸습니다. 달 밝은 밤은 아니지만 초가을 빗소리 가련한 아침 "딸그락 딸그락" 나막신 소리를 듣는 것만으로 행복했습니다.

이병철 시인은 두들마을 출신으로 1943년 『조광』지에 「낙향소식」으로 등단했습니다. 그리고 광복 후 김상훈, 유진오, 박산운, 김광현 등과 함께 『전위시인집』(1946)을 펴냅니다. 그 이후 이화여중에서 교사로 일하다가 6·25 한국전쟁 때 가족과 함께 월북하여 한국 시문학사에서 오랫동안 잊힌 시인으로 남았습니다.

이병철 시인의 시가 새겨진 설치대를 지나니 길옆 작은 숲속에 이병각 시비가 세워져 있었습니다. "베짱이 울음에 맞추어/가을밤이 발버둥친다//새로워질 수 없는 내력이거든/나달아 빨리 늙어라" 이 시는 마치 지금의 코로나19 현실을 노래하는 것처럼 느껴졌습니다. 그만큼 오늘의 현실이 안타깝고 슬픈 까닭이겠지요.

주실마을에 도착했을 때 비는 더 세차게 내렸습니다. 아무리 여행이 좋다 하지만 비 오는 날 이 무슨 청승인가 나도 모르게 웃음이 났습니다. 비를 피할 요량으로 먼저 조지훈문학관을 들렀습니다. 문학관은 한옥 형태를 갖췄습니다. 전시장 규모가 대단했습니다. 문학 자료뿐만 아니라 가계도까지 두루 전시되어 있었습니다. 하나하나 읽어내자면 한나절도 더 걸릴 것 같았습니다. 시인의 행적과 발간 도서 중심으로 살피고 나오니 문학관 초입 사무실이 보였습니다. 혹시 조지훈 시인의 시집이나 관련 서적을 살 수 있을까 찾았습니다.

"안녕하세요. 혹 조지훈 시인의 시집이나 관련 서적을 살 수 있나요?"

"없는데요."

"혹시 학예연구사이신가요?"

조지훈 시문학에 대해 여쭙고자 또 말을 건넸습니다.

"……."

"송구합니다. 다음에 또 찾겠습니다."

"……."

문학관을 나와 시공원, 시인의 본가와 생가 등을 비롯해 마을 곳곳을 돌아봤습니다. 그런데 '코로나19시절인데… 더구나 오늘은 비까지 오는데' 하는 거 같아 마음이 편치 않았습니다. 아쉬움이 큰 채로 바로 주실마을을 빠져나와 마을 앞 '시인의 숲'을 찾았습니다.

사슴이랑 이리 함께 산길을 가며
바위 틈에 어리우는 물을 마시면

살아 있는 즐거움의 저 언덕에서
아련히 풀피리도 들려오누나

해바라기 닮아가는 내 눈동자는
紫雲 피어나는 靑銅의 香爐

東海 동녘 바다에 해 떠오는 아침에
북받치는 설움을 하소하리라

돌뿌리 가시밭에 다친 발길이
아물어 풀잎에 스치는 날은

푸나무에 열리는 과일을 따며
춤과 노래로 가꾸어보자

빛을 찾아 가는 길의 나의 노래는
슬픈 구름 걷어 주는 바람이 되라

—「빛을 찾아 가는 길」전문

시인의 숲은 '한양조씨' 집성촌이 모여 사는 마을의 관문으로 숲속에 '조지훈시비'가 세워져 있습니다. 시비 한편에는 "그가 이 마을에서 태어나 한국시사에서 김소월과 김영랑, 그리고 서정주와 유치환을 거쳐 청록파에 이르는 주류로 20세기의 전반기와 후반기를 연결해준 큰 시인이"라 새겨져 있었습니다. 그리고 "그의 지조론(志操論)에서 볼 수 있듯이 당대의 논객으로 한국민족운동사와 한국문화사서설 등 한국학 연구에도 큰 획을 그은 학자"라 적습니다. 따라서 "이 시비는 조지훈의 업적을 기리기 위해서 그의 문하생들이 1982년에 그가 태어나고 자란 이곳에 정성을 모아 건립"의 취지를 밝히고 있는데요. 이때까지만 해도 정지용, 백석, 이용악, 오장환 등 재북, 월북 등 문인에 대한 해금이 이루어지지 않아 서정주를 비롯한 청록파 시인들이 당대 최고의 시인으로 대접받을 때입니다. 나도 고등학교 때는 생명파 시인과 청록파 시인이 우리나라를 대표하는 시인으로 교과서에서 배웠으니까요. 대학에서 국어국문학을 공부할 때도 정지용 시집 등 복사본을 통해 몰래 읽었으니 참 시절이 그러했습니다.

조지훈 시인의 시는 문청 시절 참 좋아했습니다. 특히 불교를 공부하면서 「승무」를 암송하고 「봉황수」, 「고풍의상」, 「낙화」, 「완화삼」 등도 자주 읽었습니다. 그런데 위의 시는 기억이 전혀 없는데요. 시비라면 당연히 「승무」나 「봉황수」 등이 새겨져야 하지 않을까요. 그런데 어찌하여 이 시가 시비를 이루었는지 의아합니다. 그래도 조국이 하나 되는 날 "나의 노래는/슬픈 구름 걷어 주는 바람이 되"어 빛을 찾아가는 길이 되었으면 좋겠다 생각했습니다.

늦은 점심 식사와 전기자동차 충전도 할 겸 영양 읍내를 찾았습니다. 군청 앞 주차장에 설치된 충전소에 차를 대고 점심 식사를 하고 얼마나 충전이 되었는가 살폈는데요. 충전기가 불이 나가 있는 겁니다. 시동을 걸었더니 채 몇

프로도 충전이 되지 않았습니다. 카드 내역을 살피니 1,000원만 결제되었습니다. 숫자를 누르면서 0자 하나가 빠진 모양입니다. 재충전으로 10,000원 확실하게 예약하고 읍내 구경을 나섰습니다. 그때 안동의 김윤한 시인한테 전화가 왔습니다. 영양 여행하게 된 사정을 이야기했더니 진작 연락해주었으면 같이 여행했을 거라며 아쉬움을 토로했습니다.

  우리나라 군 단위 중 인구가 적은 곳으로 영양이 빠지지 않습니다. 그러니 읍내도 작을 수밖에 없겠지요. 시내를 도로를 따라 걸으니 문구/사무용품/팬시/운동용품 등을 파는 학우사 간판이 보였습니다. 내가 사는 영동은 대형 문구점이 들어오면서 '학우사'가 오래전에 사라졌습니다. 그런데 영양은 대형 문구점 대신 아직도 문구사의 보통명사 '학우사'가 그 자리를 지키니 반갑고 기뻤습니다. 그리고 영양전통시장을 들렀는데요. 시장은 작지만 없는 것 없이 있을 건 다 있었습니다. 그중에 고추가 젤로 많이 보였습니다. 커피숍을 찾다가 눈에 띄지 않아 마시는 걸 포기하고 오일도 생가를 들러 안동을 가기 위해 차를 몰았습니다.

영양은 조지훈과 이병철 등 훌륭한 시인을 배출한 문향입니다. 그리고 소설가 이문열의 고향이기도 합니다. 짧은 여정으로 영양 8경, 선바위 관광지, 외씨버선길 등 두루두루 구경은 하지 못했지만 가장 자연적인 지역임이 확실합니다. 그러나 아쉬움도 없지 않았습니다. 이 모두를 코로나19와 가을비 탓으로 돌리고 싶습니다. 다음에 다시 영양을 찾을 때는 이번처럼 즉흥적인 여행이 아니라 공부를 좀 더 해서 가장 자연스런 여행을 할 것입니다. 그래서 빛을 찾아가는 길, 별천지 세상을 그려보고자 합니다.

길을 가는 자여 행복하여라

1.

하루하루 사는 재미가 사라진 지 오래입니다. 몇 년간 지속된 코로나19로 갇혀 살아 답답한 데다 대선이 끝나고 세상 돌아가는 꼴이 하도 수상해 뉴스도 끊었습니다. 그나마 사회적 거리 두기가 완화되어 조금이나마 위안 받는 요즘입니다.

지난 3월 30일부터 4월 17일까지 꿈에서만 그리던 체코 프라하를 중심으로 유럽 여행을 다녀왔습니다. 그동안 해외여행은 튀르키예와 중국을 비롯한 동남아 국가가 전부였습니다. 여기에는 역사와 문화적 편견이 크게 작용했던 게 사실입니다. 일본이나 미국을 여행할 기회가 몇 차례 있었지만 가지 않았던 연유입니다.

대선 정국 때 문예 조직 건설 등 활발하게 움직였던 판화가 김준권 형 근황이 궁금해 겸사겸사 판화가 류연복 형한테 전화를 넣었습니다. 이런저런 이야기 끝에 뜻밖에 체코를 비롯해 한 달여 유럽 여행을 간다는 거였습니다. 얼씨구, 좋아라 나도 데려가 달라고 졸랐지요. 친구 따라 강남 간다는 게 이런 거겠지요.

항공권을 예약해 놓고도 부모님 때문에 마음이 편치 않았습니다. 코로나 시국에 또다시 해외여행이라니, 어떻게 이해시켜야 할지 난감했습니다. 지난겨울 튀르키예 여행 갈 때도 그랬는데요. 거기다가 여행을 잘 다녀오고도 10일 자가 격리까지 해야 했으니 부모님 걱정이 얼마나 컸겠는지요. 이번 여행은 자가 격리가 없다 해도 20일 동안의 여정, 엄니는 자신의 건강을 돌보는 것보다 집 밖의 자식 걱정이 더 클 테니까요.

부모님께 인사를 하고 집을 나서고 장장 만 하루가 지나 꿈에 그리던 프라하에 도착했습니다. 비가 내려서 그런지 예상했던 날씨보다 차가웠습니다. 공항을 벗어나자 벚꽃과 개나리꽃이 한창이었습니다. 목초로 보이는 드넓은 푸른 초원이 끝없이 펼쳐져 여기가 유럽이라는 걸 실감케 했습니다.

데친역 근처 숙소에 도착해 짐을 풀고 옷을 갈아입는데 허리가 허전했습니다. 아뿔싸, 입국 수속을 밟고 검색대를 통과할 때 풀어놓았던 혁대를 챙기지 않은 것입니다. 시내를 구경하면서 혁대를 사기 위해 발길 닿는 대로 걸었습니다.

2.

체코 북부 우스티나트라벰주에 있는 데친은 이번 여행에서 체코와 독일 여행의 출발지며 도착지였습니다. 이곳에 숙소를 정한 것은 류연복 형의 지인이 데친에서 여행업을 하면서 게스트하우스를 운영하는데 따른 것인데요. 이번 여행이 쉽게 성사된 연유도 여기에 있습니다.

이번 여행의 첫 여정은 독일 드레스덴 츠빙거궁전 등이었습니다. 그런데 도자기로 유명한 마이센 일정이 추가되면서 이른 아침 길을 나서야 했는데 바람이 사나웠습니다. 거기다가 비까지 비치니 겨울 같았습니다. 따뜻하게 옷을 입고 나왔어야 했는데 후회가 컸습니다.

열차가 데친을 출발하자마자 진경이 펼쳐졌습니다. 자연 그대로 엘베강이 산마을과 어우러져 한 폭의 아름다운 산수화를 선사합니다. 드레스덴과 마이센 대신 저 강마을에 한 사나흘 머물면서 흐르는 강물만 바라봐도 좋겠다는 생각을 했습니다.

마이센을 가기 위해 독일 바트샨다우역에서 열차를 갈아타야 했습니다. 기차표 한 장으로 국경을 넘는다는 게 신기하고 부러웠습니다. 열차를 기다리는 동안 강가를 거닐면서 잠시나마 이국의 정취에 흠뻑 취했습니다.

마이센에 도착했을 때 간간이 눈발이 보였습니다. 택시를 타고 마이센 대성당이 있는 알브레히츠부르크성을 갔는데요. 눈보라가 한겨울같이 세차게 몰아쳤습니다. 벌벌 떨면서도 성안 곳곳을 돌아본 후 도자기박물관 가는 도중 화장실 이용과 몸을 녹일 겸 커피숍을 들렀습니다. 난방이 되지 않아 밖과 다를 바 없었습니다. 몸을 녹일 겸 급히 도자기박물관을 찾았는데 실망스러웠습니다. 도자기의 미적 가치보다 엄청난 가격에 놀랐기 때문입니다. 다음 여정으로 드레스덴을 가기 위해 마이센역을 찾았습니다. 그런데 가도 가도 역은 보이지 않고 돌고 돌아 그 자리였습니다. 1시간여 덜덜 떨면서 동동거리며 헤매다가 결국 마이센역은 찾지 못하고 다른 역을 이용해 드레스덴에 갈 수 있었습니다.

드레스덴은 구 시가지에 들어서자마자 옛 궁전과 오래된 건물들이 눈앞에 펼쳐졌습니다. 츠빙거궁전과 레지덴츠궁전, 군주의 행렬 벽화 등을 돌아봤습니다. 다른 일정은 너무 피곤해 포기했습니다. 아직 저녁 식사가 이르긴 하지만 쉴 곳으로 맛집으로 소문난 '풀베르티움' 레스토랑을 찾았습니다. 이 레스토랑은 어두컴컴한 조명과 무기들, 고문 기계들로 중세 감옥을 재현했다고 하는데요. 프라우엔 교회 근처에 있었습니다. 나는 고풍스런 분위기가 좋았습니다.

집 나오면 개고생이란 말이 있습니다. 젊어 고생은 사서도 한다지만 늙어 이 무슨 고생이냐고요. 그것도 엄중한 코로나19 시국에 말입니다. 그래도 여행이 좋아 지인을 따라와 하루 25,000여 보 걸었습니다. 숙소로 돌아오면서 길을 가는 자여 행복하여라, 중얼거리는데 눈꺼풀이 무겁게 내려앉았습니다.

다음 날 작센스위스 바스타이 국립공원 가기 위해 바트샨다우역에 간다는 게 기뻤습니다. 아름다운 강마을을 또다시 볼 수 있기 때문이었습니다. 혹시 강이 내려다보이는 언덕에서 식사를 하고 차를 마실 수만 있다면 그것만으로 행복할 거 같았습니다.

바스타이 국립공원은 두 개의 이름을 가지고 있습니다. 체코 쪽에서는 보헤미안 스위스 국립공원으로, 독일 쪽에서는 작센 스위스 바스타이 국립공원으로 불리고 있다고 하는데요. 우리는 독일 바트샨다우역에서 버스를 타고 바스타이 국립공원에 올랐습니다. 도착하고 보니 강마을 쪽에서 걸어 올라오는 사람들이 더 많았습니다. 아마도 체코 쪽의 행선지를 이용한 거 같았습니다. 양

나라 모두 스위스를 붙여 지명을 부르는데 그 이유는 스위스처럼 아름답기 때문이라고 합니다. 나는 산 정상에서 엘베강을 바라본 것만으로 흡족했습니다.

바스타이 국립공원을 구경하고 바트샨다우역에서 열차를 타고 바로 데친으로 돌아가는 줄 알았습니다. 그런데 버스는 원했던 역까지 가지 않고 중간 어디 작은 마을이 종착역이라며 우리를 내려놓았습니다. 말은 통하지 않고, 버스를 잘못 타 생긴 일인데요. 그때 이번 여행 일정을 짜고 인솔하는 최 선생님이 구글을 검색하더니 우리가 서 있는 강마을 뒷산이 바로 독일 최대 성 쾨니히슈타인 요새라며 가자는 거였습니다. 아이크, 또 죽었구나, 카페가 있으면 커피 마시며 기다릴 테니 다녀오시라 했을 것입니다.

마을 뒤 등산로를 따라 30여 분 오르니 사암 절벽 위에 축성된 그야말로 엄청난 요새가 버티고 있었습니다. 이곳은 유사시 국가의 귀중품을 보관하거나 죄수들, 전쟁 포로들을 가두기도 했답니다. 다리도 아파 몸이 무거웠지만 그래도 처처를 돌아봤는데요. 거기서 아주 깊은 우물을 들여볼 수 있었습니다.

요새의 축성도 그렇지만 저 우물을 파기까지 얼마나 많은 희생이 따랐을까요. 독일도 만리장성을 축성한 중국과 별반 다르지 않다는 생각을 했습니다. 요새를 돌아본 후 바라보는 엘바강은 피비린내 가득했던 요새와 달리 흐르는 강물처럼 영원히 평화만을 노래할 것처럼 보였습니다.

3.

유럽 여행 중 불편한 게 참 많았습니다. 그중 화장실이 가장 큰 문제였습니다. 화장실이 눈에 잘 띄지 않을 뿐더러 설령 찾았다 해도 대부분 유료입니다. 그것은 역이나 관광지 어디도 마찬가지였습니다. 물이 비싼 데 따른 것으로 보입니다. 오죽하면 식사 때 물 대신 맥주를 마실까요. 난 맥주를 싫어하니 식사 때마다 맥주보다 비싼 물을 시켰는데요. 눈치가 보여 그랬습니다. 그리고 식당입니다. 빵집은 도처에 많은데 우리가 먹을 만한 음식을 파는 식당은 별로 없었습니다. 그래서 베트남 식당이나 아시안 식당을 만나면 그리 반가울 수가 없었습니다. 어디 그뿐인가요. 슈퍼나 가게는 오후 7시면 대부분 문을 닫습니다. 그러니 어둠이 몰려오기 전에 필요한 생필품을 서둘러 샀습니다.

여행 3일째 되는 날「나니아 연대기」로 유명한 체코 쪽 보헤미안 스위스 국립공원 내 '프라프치츠카 브라나'와 에드먼드 협곡을 가자는 제안이 있었습니다. 걷는 게 힘이 들어 걱정했는데 다행히 데친 명소를 찾는 것으로 의견이 모아졌습니다. 늦은 아침 식사를 하고 추위가 범접하지 못하도록 단단히 옷을 입었습니다. 그리고 모자를 쓰려고 가방을 뒤지니 아뿔싸, 이것도 입국 당시 검색대에 놓고 온 것을 알게 되었습니다. 숙소를 벗어나자마자 앗 추워, 패딩과 내의를 챙겨오지 않은 걸 또 후회해야 했습니다.

숙소를 벗어나 데친역을 지나니 눈앞에 엘바강이 펼쳐졌습니다. 진눈깨비가 세찬 바람에 흩날렸지만 강 따라 걷는 것만으로 행복했습니다. 개나리, 수선화, 목련, 명자꽃이 한창인 데친이 고향의 봄 같았습니다.

데친박물관은 선박의 역사를 한눈에 이해하기 쉽게 각종 모형으로 설명하는 것 같았습니다. 그리고 민족 자료 등 생태와 관련 박제된 각종 조류와 동물 등도 볼 수 있었는데요. 특히 박물관 뒷마당 구석진 한쪽 레닌 동상은 체코의 아픈 역사를 돌아보게 했습니다.

강 건너 데친고성은 강과 어우러져 그림 같았습니다. 풍광이 좋은 곳은 카페와 레스토랑이 즐비했습니다. 그리고 암벽 등반을 즐기는 사람들도 볼 수 있었습니다. 성은 작지만 쉬엄쉬엄 걸었습니다. 그리고 맛집에서 맛난 점심을 했습니다. 강변의 카페에서 아름다운 풍광을 즐기며 커피도 마셨습니다. 중앙광장을 노닐면서 여행이란 이런 것이야, 비로소 여유로운 여행을 만끽할 수 있었습니다.

4.

프라하 가는 길을 자축이라도 하듯 체코 입성 5일 만에 아침 햇살을 볼 수 있었습니다. 열차를 타고 프라하에 가는데 채 두 시간이 걸리지 않았습니다. 이번 여행의 행선지 등 모든 일정을 책임진 최 선생이 예약해 놓은 렌터카를 끌러 갔습니다. 이제 대중교통을 이용하지 않아도 되니 그만큼 발품을 팔지 않아도 되겠지요.

프라하의 첫 행선지는 체코 민주화의 상징인 바츨라프 광장이었습니다. 이곳에 도착하자마자 자유화 운동 당시 구소련의 무력 개입에 항거하다 희생된 두 젊은이의 기념비를 찾아 고귀한 정신을 추모했습니다. 그리고는 각자 자유 시간을 가졌는데요. 이때 서점 등 문화 관련 매장을 두루 돌아본 후 모자를 샀습니다. 그리고 걸어 걸어서 다음 행선지 알폰스 무하 박물관을 찾았습니다.

알폰스 무하는 체코의 국민 화가로 잘 알려져 있습니다. 알폰스 무하는 화가, 삽화가, 장식 미술가 등으로 뛰어난 업적을 이루기도 하지만 슬라브 민족의 독립을 위해서도 크게 기여했다는데요. 전시장을 돌아본 후 영상실을 찾아 그의 활동과 작품을 감상하면서 왜 그가 체코 국민 화가인지 명징하게 새길 수 있었습니다.

체코는 방역 마스크도 쓰지 않으니 코로나19가 끝난 것처럼 보였습니다. 그러나 나는 한국에서와 마찬가지로 마스크를 쓰고 손 소독을 하면서 철저하게 우리식 방역 지침을 따랐습니다. 코로나19 여파인지 체코 입국 후 아직까지 한국인 관광객을 만난 적이 없습니다. 프라하를 제외하고 각광 받는 여행지가 아니어서 그럴 수 있겠지만 작금의 사태가 얼마나 심각한지 잘 보여줍니다. 발 디딜 틈 없이 관광객으로 북적거린다는 세계적 관광 명소 프라하도 한적하기 그지없었습니다.

중앙우체국과 화약탑과 오베츠니 둠을 지나 프라하 상징인 구 시청 광장을 찾았습니다. 시청 벽에 설치된 천문시계가 오후 2시 50분을 가리키고 있었습니다. 매시 정각 치는 종소리를 듣기 위해 바츨라프광장과는 달리 인산인해를 이뤘습니다. 이 시계는 세계에서 세 번째 오래된 시계로 지금도 작동된다는 게 신기합니다. 인후스 동상 앞은 부활절을 앞두고 설치된 축하 트리와 색색의 계란이 딴 나라에 와 있다는 걸 실감할 수 있었습니다.

프라하의 거리와 건물은 각기 다른 특색을 자랑하는 것 같았습니다. 특히 한 건물에 설치된 조형물은 다른 건물에서 또다시 볼 수 없었는데요. 많은 사람들이 왜 프라하 관광을 선호하는지 그 이유를 조금은 알 것 같았습니다. 북적거리는 구 시청광장을 벗어나 한적한 카페에서 노닐다가 대여한 렌터카로 데친을 향했습니다. 프라하를 벗어나니 그동안 화창했던 날씨는 어디 가고 비가 내렸습니다.

　일기가 그날의 여행을 좌우합니다. 아침 일찍 출발하기로 한 프라하 여행 둘째 날 차가운 날씨에 비까지 내려 출발이 오전 11시로 미뤄졌습니다. 그러다 보니 목적한 여행을 다 할 수 있을까 걱정이 앞섰습니다.

　먼저 카를교 전망대에 올랐습니다. 강 건너 프라하 성채가 그야말로 장관이었습니다. 카를교를 건너면서 세상에 이렇게 아름다운 다리도 있구나, 탄성이 절로 나왔습니다. 1402년 완성된 이 다리는 600년 이상 시대를 초월하여 얼마나 많은 사람에게 큰 감동을 선사했을까요. 나 역시 이 다리를 건널 수 있다는 것만으로도 생의 축복이라 여겼습니다.

　프라하성은 세계에서 가장 오래된 성채 중 한 곳으로 프라하를 대표하며 체코를 상징합니다. 그리고 성안에는 체코공화국의 대통령 관저가 있습니다. 카를교를 건너 바로 성 비투스 대성당 등을 찾는 대신 존 레넌 벽을 먼저 들르기로 했는데요. 근처 근사한 레스토랑에서 데운 와인을 곁들여 유럽식 식사를 했습니다. 이 벽은 프라하의 봄 이후 공산주의 치하에서 신음하던 체코 젊은이들이 만들어 낸 자유와 저항의 상징물이라 합니다. 지금은 전쟁 반대와 평화를 갈망하는 전 세계 관광객들이 찾는 프라하의 또 하나 관광 명소가 되었다고 합니다.

　프라하에도 무릉도원이 있었습니다. 프라하성 밖 언덕에 복사꽃이 한창입니다. 정문을 이용하지 않고 농사짓는 주민이나 다닐법한 길을 택하다 보니 이런 행운이 있네요. 그렇지만 길을 잘못 들어 한참 헤맨 후에야 입성할 수 있었습니다. 여행 중 잘못 든 길로 헤매는 건 다반사지요.

　성내 진입 후 바로 성 비투스 대성당를 찾았습니다. 그런데 관람 시간이 종료됐다는 것입니다. 관람 시간을 미리 챙기지 않은 게 불찰이었지요. 성당 내

알폰스 무하의 스테인드글라스를 직접 볼 수 없다는 게 아쉬웠습니다. 그래서 숙소 도착하자마자 예전에 EBS에서 방영한 세계테마기행「천년의 역사를 간직한 프라하성과 성 비투스 대성당」을 유투브를 통해 다시 보는 것으로 아쉬움을 달랬습니다.

프라하와 프라하성에는 아기자기한 집들과 길이 많았습니다. 그들 가운데 황금소로(Golden lane in Prague)가 있습니다. 성 비투스 대성당 관람이 좌절된 후 이 길을 통해 내려왔는데요. 코로나19 여파인지 문을 열지 않은 가게가 많았습니다. 대부분 기념품 가게 같았습니다. 얼마를 더 내려가니 유독 많은 사람들로 북적이는 가게가 있었습니다. 바로 프라하를 대표하는 작가 프란츠 카프카(Franz Kafka)가 기거하며 글을 썼다고 전해지는 22번지 파란색 집이었습니다. 이곳에서 프란츠 카프카를 기념하며 돋보기를 사고 지인들에게 선물할까 싶어 각양각색의 책갈피를 골랐습니다. 계산하려고 보니 물건에 비해 가격이 너무 비싸서 주물로 된 작은 손 모양 책갈피는 하나만 샀습니다. 그리고 또 얼마를 더 걸었을까요. 일정 가운데 '카프카 박물관'을 들르지 않은 것을 알았습니다. 부랴부랴 프란츠 카프카 박물관을 찾았지만 여기도 입장불가, 관람 시간이 끝난 상태입니다. 간절하게 불쌍한 표정을 짓고 사정해 몇 장의 사진만을 찍을 수 있었습니다. 그리고 기념품 가게에서 프란츠 카프카가 새겨진 필통과 연필 등을 샀습니다.

　유럽에서 가장 아름다운 야경은 언덕 위 프라하성과 성 비투스 대성당이라 전합니다. 이 야경을 어찌 놓칠 수 있겠는지요. 어둠이 짙게 내리고, 카를교 근처에서 마주한 야경은 생의 또 다른 기쁨을 선사했습니다. 여기에 초승달까지 생생했는데요. 하루 여정이 어설프고 기우뚱했지만 길을 가는 자여 행복하여라, 가슴이 벅찼습니다. 아픈 발과 고생한 신발이 고맙다고 방실방실 웃는 것 같았습니다.

　5.
　체스키 크룸로프를 여행하기 위해 가는 여정은 멀고도 특별했습니다. 가도 가도 끝이 없는 평평한 초원이 펼쳐졌습니다. 그 드넓은 초원이 체코 첫 입성한 날부터 지금까지 밀밭이라 생각했습니다. 그러나 그게 밀밭이 아니라 소나말의 양식이라는 걸 알았습니다. 추수가 끝난 우리나라 논에서 볼 수 있던 사일리지와 같은 큰 뭉치의 또 다른 사일리지와 포장되지 않은 건초 더미를 곳곳에서 볼 수 있었기 때문입니다.

체스케부데요비체로 가는 중간에 해골 성당으로 더 잘 알려진 코스트니체 세드렉 성당이 있는 쿠트라호 작은 마을을 들렀습니다. 해골로 장식된 성당을 돌아보는 동안 삶과 죽임이 따로 있는 게 아니라 하나라는 걸 더 절실하게 느낄 수 있었습니다. 그리고 두어 군데 시골 마을을 돌아봤는데요. 젊은 사람 대신 노인들만 봤습니다. 이 나라의 농촌도 우리네 농촌처럼 쇠퇴하고 있는 게 분명합니다.

체스키 크룸로프 고성은 회자하는 말 그대로 동화 같은 마을이었습니다. 성문을 들어서자 시원한 물소리가 반겼습니다. 세상에 이처럼 아름다운 마을이 어디에 또 있을까요. 그곳에 살고 싶었습니다. 이 마을은 1992년 유네스코 세계문화유산으로 등재되면서부터 프라하성 다음 가장 많이 찾는 체코의 관광 명소가 되었다 합니다.

성안의 마을에는 궁전과 성당과 극장과 정원 등을 비롯해 없는 것 없이 다 있었습니다. 작은 골목을 따라 기념품 가게와 식당과 카페가 즐비했는데요.

어느 건물 하나 허투루 지어진 것 없이 고풍스러웠습니다. 발길 닿는 대로 걸으면서 한나절이 참으로 행복했습니다.

독일과 체코를 여행하는 10여 일 동안 비가 내리지 않는 날이 별로 없었습니다. 데친에서 마지막 여행지 천국의 문이라 불리는 프라프츠치카브라나를 보기 위해 보헤미안 스위스 국립공원을 찾는 날도 비가 왔습니다. 여기는 여행 3일째 되는 날 가기로 했다가 그만둔 곳인데요. 공원 입구에 차를 주차하고 특별해 보일 것도 없는 평범한 등산로 따라 50여 분 올랐을까요. 그때야 하늘을 향해 우뚝 솟은 기암괴석이 보이기 시작했습니다. 거기서 산모퉁이 돌고 돌아 가파른 산길을 또 10여 분 더 오르니 비로소 천국의 문이 활짝 열렸습니다. 이 바위는 유럽에서 자연 사암 석문으로는 가장 크다고 전하는데요. 천국의 문에 들어서기가 어찌 쉽겠는지요. 산을 오르고 내리는 동안 눈과 비가 번갈아 내리면서 무거운 발걸음을 더욱 힘들게 했습니다.

6.

오스트리아 빈으로 가는 여정은 프라하의 일기보다 더 변화무쌍했습니다. 햇빛이 쨍쨍하다가도 비가 내리고, 거기다가 눈까지 펑펑 내렸습니다. 길 양옆으로는 끝도 없이 푸른 초원이었습니다. 언덕 위의 풍경은 그림책 속 같았습니다. 그리고 호수가 바다같이 펼쳐진 초원을 지나자 풍력 발전기가 나타났습니다. 이 발전기 날개는 빈에 도착하기 전까지 쉬지 않고 돌면서 이국의 색다른 풍경을 보여줬습니다.

쇤브룬 궁전은 베르사유 궁전과 더불어 유럽에서 가장 화려한 궁전 중의 하나로 전합니다. 궁전 내 사진을 찍을 수 없어 아쉬웠지만 함부르크 왕가의 화려한 역사와 문화를 잠시나마 엿볼 수 있었습니다. 그리고 궁전 뒤뜰의 정원을 거닐면서 나머지 오스트리아 여행의 일정이 순탄하기만을 소망했습니다.

　오스트리아 국립미술관은 본래 벨베데레 궁전 중 상궁으로 과거 연희나 무도장 같은 용도로 사용되었다고 합니다. 이곳은 1961년 당시 구소련 니키타 흐루쇼프 서기장과 미국 케네디 대통령이 정상 회담을 가진 곳으로도 유명한데요. 그 이후 단 한 차례도 외국 귀빈 공식 행사가 없었다고 합니다. 그런데 지난 2021년 6월 14일 문재인 대통령이 오스트리아 국빈 방문 중 이곳에서 만찬을 즐겼다는데요. 40여 년 만에 처음 개방된 외부 공식 행사로 우리나라 위상이 그만큼 높아졌다는 증거겠지요. 또 여기에는 구스타프 클림트와 함께 오스트리아의 대표 화가로 널리 알려진 에곤 쉴레(Egon Schiele) 등의 작품

이 전시되고 있었는데요. 구스타프 클림트의 그 유명한 「키스」등의 작품을 직접 감상하는 영광을 누릴 수 있었습니다.

　다음 여정은 호프부르크 왕국이었습니다. 이 왕궁은 오랫동안 합스부르크 왕가의 형제들이 살던 곳으로 현재는 대통령 집무실로 사용되고 있답니다. 그리고 세계적으로 유명한 빈 소년 합창단 예배당과 승마학교, 국제회의장, 미술관, 박물관 등도 운영하고 있다는데요. 궁전 앞에는 마차가 즐비하게 관광객을 기다리고 있었습니다. 슈태판 대성당을 돌아보고 노천 카페와 관광 쇼핑거리 등을 노닐다가 북적거리는 카페 대신 한적한 곳에서 커피를 마시며 여독을 풀었는데요. 오스트리아 빈에서는 "골목마다 퍼지는 클래식에 취하고 비엔나커피는 없지만 색다른 커피를 맛볼 수 있는 도시"라는 걸 절감할 수 있었습니다. 그리고 다음 날 잘츠부르크로 떠나기 전 알베르티나 국립미술관을 찾았습니다. 뭉크의 대표작 「절규」는 볼 수 없었지만 그의 또 다른 대표작 「마돈나」, 「사춘기」, 「아픈 아이」 등이 반겼습니다. 그 외 모네와 피카소의 작품도 두루 돌아봤습니다.

　도시 빈을 빠져나와 얼마를 달리자 이전의 유럽 풍경과는 사뭇 달랐습니다. 평평하고 드넓은 초원 대신 높은 산이 우뚝우뚝했습니다. 그 산 아래 작은 마을이 도란도란 잇대어 있고요. 마을 앞에는 우리네 논과 밭 대신 푸른 초원입니다. 그리고 나무들은 푸릇푸릇 연두 노랑을 자랑했는데요. 지금 여여산방에도 살구꽃과 복숭아꽃이 한창이겠구나 생각했습니다.

　우리를 태운 렌터카는 잘츠부르크를 얼마 안 남기고 다른 길로 접어들었습니다. 할슈타트 호수를 들렀다가 잘츠부르크로 간다는 거였습니다. 일정이 왜 바뀌었는지 물어볼 새도 없이 할슈타트 도착하기까지 끝없이 펼쳐지는 설산에 빠졌습니다.

길을 가는 자여 행복하여라

할슈타트 호수는 설산과 오래된 마을이 잘 어우러져 장관이었습니다. 그래서 그런지 이곳을 찾는 한국인이 많은 듯했습니다. 어젯밤 숙소에서 만난 젊은 친구도 이곳을 들러 왔다고 했습니다. 그리고 여기에 도착하자마자 또 다른 한국 여행객을 만났는데요. 그들은 오후 7시 6분 버스를 이용해 잘츠부르크로 간다고 했습니다. 우리도 바로 떠날 줄 알았는데요. 여행은 예기치 않은 일들이 종종 있기 마련입니다. 잘츠부르크 숙소 예약이 되지 않아 부득이 여기에서 하룻밤 쉬어가야 했습니다. 그 덕분에 호수가 내려다보이는 호텔에 들었습니다. 잘츠부르크까지는 여기서 1시간 30분여, 모차르트를 만나는 여정이 엄청 그리웠습니다.

할슈타트 호수의 아침은 고요하면서 깊었습니다. 호숫가를 산책하다가 차로 이동해 케이블카 타고 소금광산에 올랐습니다. 전망대에서 바라보는 호수와 설산은 광활했습니다. 설산을 바라보며 한참 동안 들꽃과 놀았습니다.

잘츠부르크는 소금의 도시 못지않게 "모짜르트의, 모짜르트에 의한, 모짜르트를 위한 도시"입니다. 이곳을 가기 위해 오스트리아 여행을 하는지도 모릅니다. 그런데 다음 행선지를 향해 출발하기까지 시간이 빠듯했습니다. 호엔잘츠부르크성 생략하고 곧바로 게트라이트 모차르트 생가를 찾았으면 좋았겠다 싶었습니다. 그런데 호엔잘츠부르크성 일정을 소화한 후 모차르트 생가 옆에서 맥주를 마시는 것으로 대신하게 되었습니다. 그나마 다행인 것은 미라벨 정원을 찾은 것입니다. 잘차흐강을 따라 미라벨 정원 가는 강변에는 맥주와 커피를 마시는 사람, 일광욕을 즐기는 사람들로 인산인해였습니다. 미라벨 정원은 1960년대 상영된 영화 「사운드 오브 뮤직」의 배경으로 유명한 곳이기도 합니다. 나도 잠시 영화 속의 미라벨 정원을 거닐면서 「도레미송」, 「에델바이스」 등을 흥얼거리며 잘츠부르크와 작별 인사를 준비했습니다.

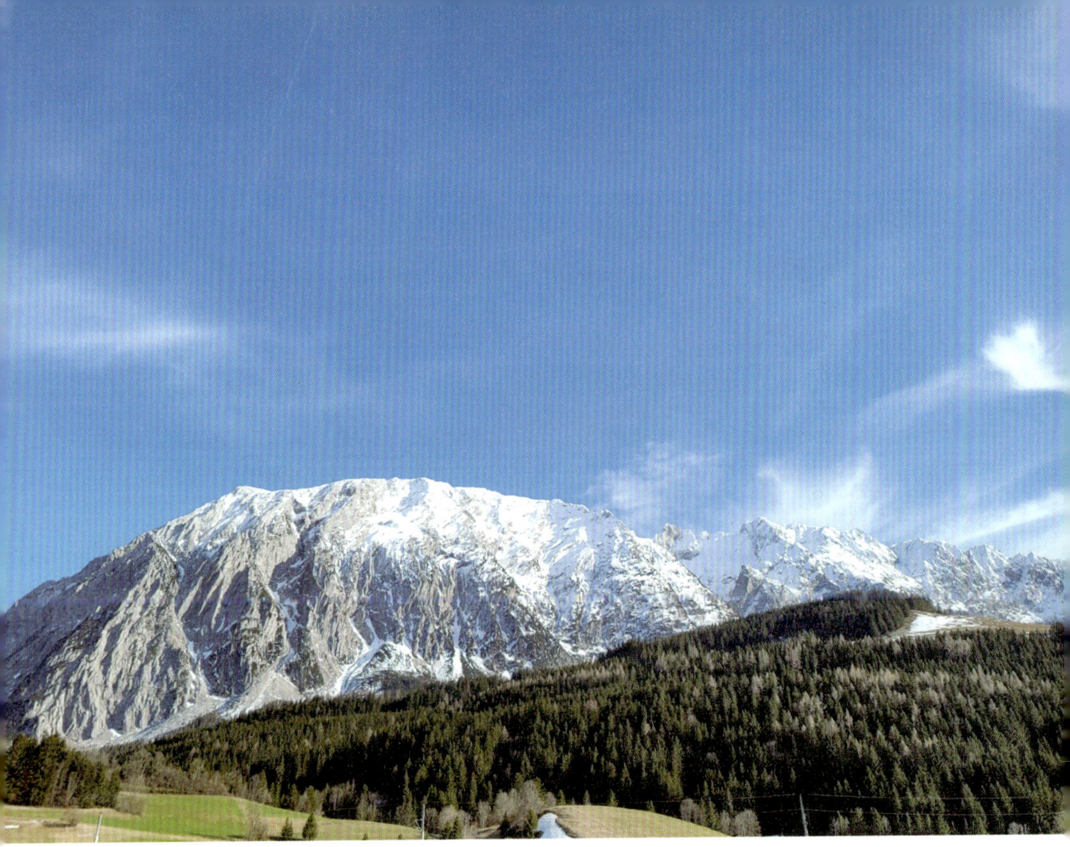

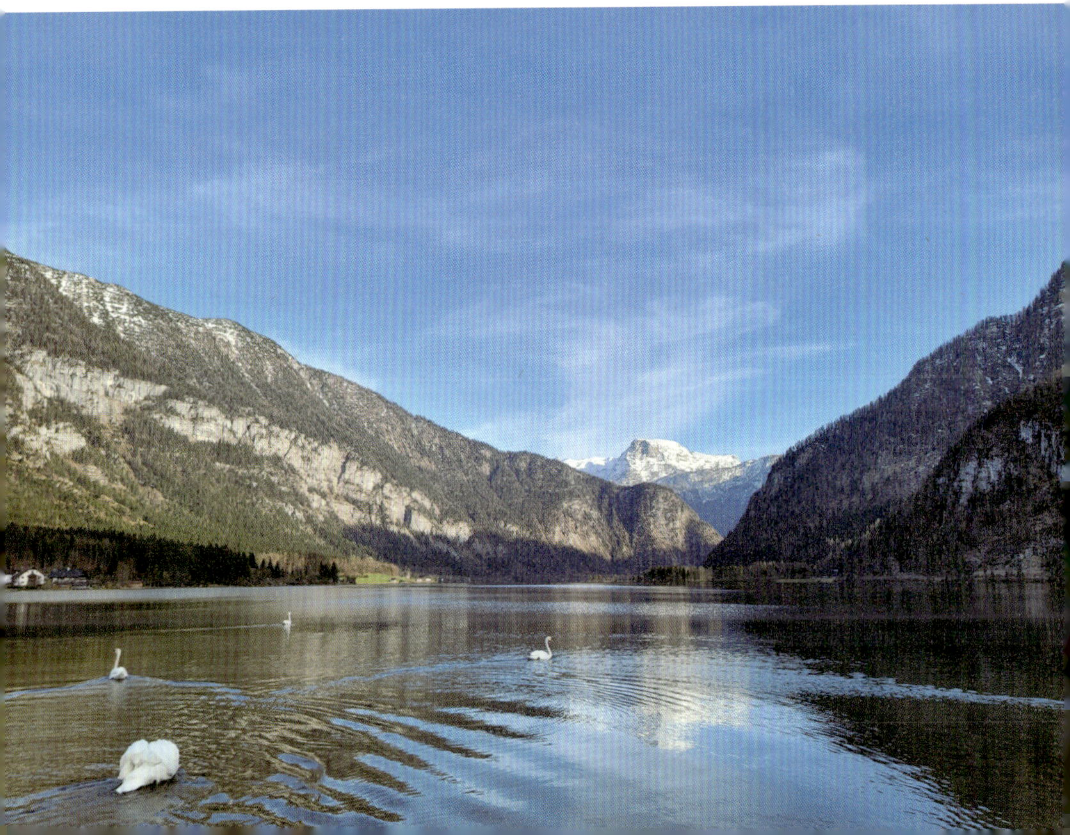

7.

오후 6시 좀 지나 다음 행선지 오버라머가우를 가기 위해 국경을 넘어 독일로 향했습니다. 2시간여 가는 동안 독일 쪽 알프스산맥들이 거대한 하얀 우산을 쓰고 계속 따라왔습니다. 숙소가 있는 에탈 지역 어딘가에 도착했을 때 보름으로 가는 달빛이 휘영청 환했습니다.

숙소가 설산 아래 있어서 그런지 아침이 상쾌했습니다. 이른 아침 호텔 뒤뜰 작은 꽃에게 "안녕, 엄청 이쁘구나" 인사를 건네면서 '여기가 어디지? 오늘 가는 곳을 넌 알고 있니?' 물었습니다. 그리고 바로 에탈수도원으로 갔습니다. 거기에서도 작은 꽃들을 많이 만났는데요. 같은 질문을 했지만 돌아오는 답은 없었습니다. 에탈수도원 돌아본 후 예수의 수난극으로 유명하다는 오버라머가우를 들렀습니다. 이번 여행지 중 마음에 두지 않았던 곳이었는데도 마을을 돌아보면서 고향 같았습니다. 골목을 거닐면서 꽃과 함께 잘 놀았습니다.

유럽에서 마지막 날 숙소가 예약되어 있다는 레겐스부르크로 가는 도중 뮌헨이 가까이 있다는 걸 알았습니다. 뮌헨에서 유럽 여행의 대미를 장식하면 얼마나 좋을까 내심 욕심이 일었습니다. 뮌헨은 『그리고 아무 말도 하지 않았다』의 저자 전혜린 때문에 어린 나이에 알게 된 도시, 그녀는 서울대 법대를 그만두고 뮌헨대학에서 독문학을 공부한 후 귀국해 많은 화재를 낳기도 했었지요. 잠시라도 들르면 좋겠다 했지만 교통 체증이 워낙 심해 거기 들렀다가 다시 숙소로 이동하는 게 힘들다 했습니다.

여행하면서 때론 정해진 목적지가 없는 게 좋을 때가 있습니다. 길을 가면서 맘에 들면 그곳이 최적의 여행지가 되니까요. 푸거라이가 그러했습니다. 이곳은 '푸거가 1516년 자신의 형제들과 인근 지역의 가난한 주민과 오갈 데 없는 사람들을 위해 건설한 세계 최초의 사회 공동체 주거시설'로 뜻밖의 행운이었습니다.

　레겐스부르크로 가는데 뮌헨을 가리키는 이정표가 수없이 따라왔습니다. 숙소가 뮌헨 쪽에 예약되어 있었다면 얼마나 좋을까요. 이정표가 보일 때마다 전혜린이 겹쳐졌지만 어쩔 수 없었습니다. 이번 여행에서 또 하나의 아쉬움이라면 가까이 뮌헨을 두고 여행하지 못한 게 되겠지요.

레겐스부르크는 2,000년의 역사를 가진 도시라는 걸 알았습니다. 그리고 독일에서 가장 오래된 석조 다리가 있다는 것도 뒤늦게 알게 되었는데요. 레겐스부르크가 상징하는 이 석교는 중세기 최고의 건축물로 1930년대까지 800년 이상 이곳에서 다뉴브강을 건널 수 있는 유일한 다리였다 전합니다. 그리고 천 년의 역사를 자랑하는 세상에서 가장 오래된 돔슈파첸 합창단이 미사 때 노래하는 성 페터 대성당이 있다는데요. 여기서 프라하 공항까지는 3시간이 채 걸리지 않는다니 레겐스부르크 구 시가지를 구경한 후 점심을 먹고 공항으로 가도 될 거 같았습니다. 그렇지만 다뉴브 강가를 거닐면서 '길을 가는 자여, 행복하여라' 내 생애 가장 길고 긴 해외여행을 아름답게 마무리했습니다.

8.

프라하 공항에서 류연복 형 일행과 헤어져 홀로 비행기에 올랐습니다. 연로한 부모님만 아니었다면 그들과 10여 일 더 같이 유럽 여행을 하고 들어왔을 것입니다. 그러나 하루 15,000보 내외를 걷고 거기다가 장거리 이동까지 겹치니 지칠 대로 지쳐 힘든 상태였으니 여기에서 돌아가는 것도 괜찮다 싶었습니다. 혹시 다음에 또 유럽 여행할 기회가 주어진다면 여기저기 분산된 여행보다는 큰 이동 없이 몇 군데 집중하는 여행을 하고 싶습니다. 여행의 과정을 하나하나 복귀하는 동안 이스탄불에 무사히 완착했습니다.

프라하 공항에서는 한국 사람을 전혀 만나지 못했습니다. 그런데 이스탄불 공항에는 한국 사람들이 많았습니다. 영국에서 온 사람, 남미나 아프리카에서 온 사람 등 다양했습니다. 국내 코로나19 자가 격리가 없어졌으니 해외 사는 분들이 기다렸다는 듯이 입국하는 것 같았습니다. 그중에 헝가리에서 사업을 한다는 분과 여러 이야기를 나누었는데요. 그분도 화장실과 물과 식당 등 우리와 다른 문화에서 오는 어려움을 토로했습니다. 그러다 그분이 한국은 아직도 48시간 이내 PCR 검사 음성 확인서 요구한다는 것에 대해 불만을 토로했습니다. 속으로 무슨 소리를 하는 거지, 하며 의아해하면서 우리나라도 예방접종 증명서만 있으면 된다고 자랑스럽게 설명하며 체코에서 PCR 검사 음성 확인서 없이 그냥 들어왔다며 얘기했습니다.

그런데 전혀 예상하지도 않은 문제가 발생했습니다. 비행기 탑승 전 여권과 PCR 검사 음성 확인서를 요구하는 거였습니다. 그래서 이번 여행의 길잡이 격인 최 선생님한테 전화를 넣었습니다. 그분도 나와 같은 말만 되풀이할 뿐이었습니다. 결국 오전 1시 50분 인천행 비행기에 오를 수 없었습니다. 참으로 어처구니없는 이런 한심한 사태를 어찌 상상이나 했겠는지요. 친구 따라 강남에 가더라도 나름대로 전후 사정을 알고 여행을 진행했어야 하는 건데요. 속상했지만 모두 내 탓이라 마음을 달랬습니다.

오밤중에 PCR 검사를 받고, 3시간 뒤 코로나19 음성 확인서를 발급받아 새벽 5시 티켓을 발급받을 수 있었습니다. 여기까지 문제를 해결하는데 15,000보를 걸었으니 몸이 파김치가 된 건 당연하겠지요. 다음 비행기 탑승까지는 아직도 20여 시간이 남았으니 숙소를 잡아야 했는데요. 마침 공항 내 호텔이 있어 그나마 다행이었습니다.

길을 가는 자여 행복하여라, 길을 가는 게 인생이다. 한숨을 쉬며 '허허허' 웃었습니다.

여행을 하면서 여행을 반문하다

여행을 하면서 여행에 대해 반문할 때가 많습니다. 여행이란 '일이나 유람을 목적으로 집을 떠나 다른 고장이나 외국에 나가는 것'의 사전적 의미를 모르는 바 아닙니다. 그럼에도 자꾸 여행에 대해 반문하는 걸 보면 나이가 들 대로 들었다는 걸 알 수 있습니다.

시에문학회는 해마다 문학기행 삼아 봄나들이를 했습니다. 그러나 지난해는 코로나19의 엄격한 사회적 거리 두기로 여행을 할 수 없어 아쉬움이 컸습니다. 뿐만 아니라 각종 문학적 모임이 없어지고 심지어 애경사에서도 서로 만날 수 없었으니 회원간 소원하기가 이루 말할 수 없었지요. 그런데 지난 4월 실내외 마스크 착용 의무는 유지되었지만 그래도 사적 모임 인원 제한이 풀리면서 자연스럽게 문학기행 이야기가 나왔습니다.

코로나19 감염병 등급이 1등급에서 2등급으로 하향되니 각종 모임과 행사가 오래 참았다는 듯 봇물처럼 쏟아졌습니다. 우리 딸내미 결혼식도 이때 날을 잡아 6월에 치렀는데요. 문학기행도 금방 갈 수 있을 것 같았는데 여러 사정에 따라 차일피일 미뤄지게 되었습니다. 그러다 보니 봄날을 훌쩍 넘겨 7월

초 뙤약볕이 따가운 여름 여행이 되었습니다.

경남 남해는 아주 오래전 가족과 함께 여행한 적이 있습니다. 그때 당일 여행이라 보리암과 상주해수욕장만을 돌아봤는데요. 이번 여행에는 '가천다랭이 마을, 노도, 물건리 방조어부림' 등을 비롯해 숙소가 있는 독일마을 등 가볼 만한 여행지는 모두 들어가 있는 것 같아 기대가 컸습니다. 특히 '남해유배문학관'을 비롯 '노도 문학의 섬, 서포 김만중의 유허지' 등 문학기행다운 여행이라 모두들 좋아했습니다.

남해의 첫 여행지는 남해유배문학관이었습니다. 오전 10시 약속이니 꼭두새벽 길을 나설 수밖에 없었습니다. 상주서 영동까지 달려온 황구하 시인과 함께 임근수 시인의 차를 이용해 길을 나선 게 새벽 5시 30분이었습니다. 가는 도중 잠시 구례 화엄사 옆 동네 김인호 시인 집에 들러 차를 마신 후 한 차로 남해문학관에 도착하니 정현태 시인이 반갑게 맞아주었습니다.

남해는 거제, 제주와 더불어 조선 시대 남쪽 지역의 대표 유배지라 전합니다. 특히 남해는 조선 시대 최고의 소설가 서포 김만중을 비롯해 조선 전기 4대 서예가로 이름을 남긴 자암 김구, 약천 남구만 등 예인들이 유배 생활을 했던 곳으로 유명합니다. 남해유배문학관은 그중 서포 김만중 문학 정신을 기리기 위해 2010년 개관한 이래 김만중문학상 등을 운영하면서 오늘에 이르고 있습니다.

여행을 하면서 얻는 기쁨이란 먼저 눈으로 즐기는 이색적인 풍경을 들 수 있겠지요. 그리고 입으로 느끼는 맛난 음식을 빼놓을 수 없을 것입니다. 여기에 또 하나를 더한다면 아름다운 사람을 만나는 데 있습니다. 남해 여행 중 정현태 시인은 그런 사람이었습니다.

정현태 시인은 이번 문학기행 때 처음 인사를 나누었습니다. 남해유배문학관은 그가 군수로 재직할 때 건립했다는 것도 듣게 되었는데요. 그의 남해 사랑은 남해를 남해답게 만들고자 하는 의지의 실현처럼 보였습니다. 그중 하나가 남해유배문학관이 아니었겠는지요. 남해유배문학 정신은 아마도 "사람 위에 사람 없고/사람 아래 사람 없다/언덕은 내려봐도/사람은 내려봐서는/안 되는 기라/사람이 제일 중한 기라"(정현태, 「니도 그래라이」)가 아닐까요. 정현태 시인은 우리 일행을 끝까지 따뜻하게 대해주었습니다.

남해유배문학관을 나와 '가천다랭이마을'로 이동했습니다. 다랭이마을을 돌아보고 마을 내 식당에서 점심을 하기로 했었는데요. 찜통더위 속 내리막길이 이어지는 마을을 돌아보는 건 무리라는 생각이 들었습니다. 아니나 다를까 잠깐 내려갔던 사람들이 고개를 절레절레 흔들며 중간에 되돌아왔습니다. 아쉬움을 안고 바닷가 한적한 식당에서 물회로 더위와 허기를 달랬습니다. 다음 행선지 '노도 문학의 섬'은 배를 타고 가야 하는데 일정이 애매했습니다. 맹렬한 더위 탓이었는지 선뜻 가자는 사람이 없어 상주해수욕장으로 향했습니다.

상주해수욕장 주변은 언제 내가 여기를 다녀갔나 기억이 없을 정도로 몰라보게 변했습니다. 그러나 예쁜 은모래는 그대로여서 그나마 예전의 향수를 달랠 수 있었는데요. 뙤약볕 백사장을 걷는 것 대신 우리는 인근 카페에 들러 차가운 차와 음료로 몸을 식히면서 담소를 나누었습니다. 와중에 바닷물에 발이라도 적셔야 한다며 몇몇은 은모래밭을 거닐기도 했지요.

숙소가 있는 독일마을로 가는 도중 이번 여행 일정에 없는 '국립남해편백자연휴양림' 이정표가 보였습니다. 여기는 좀 시원하겠다며 곧바로 들렀는데요. 편백나무 숲길을 따라 걸으면서 자연이 주는 혜택이 얼마나 고마운지 절감했습니다. 그러면서 어떤 사정이 있더라도 여름 문학기행은 절대 불가 입장을 피력하며 한바탕 웃었습니다.

독일마을은 말 그대로 독일마을처럼 보였습니다. 언덕 위의 집이 그렇고 식당 간판의 안내 메뉴 또한 그러했습니다. 임근수 시인은 도착하자마자 독일마을에 왔으니 슈바인학센은 꼭 먹어봐야 한다며 미리 식당을 찾아 주문했습니다. 일전에 유럽 여행 때 독일 드레스덴 구 시가지 '풀베르티움'에서 이 음식을 난생처음 맛봤는데요. 그때를 떠올리며 독일에 오면 역시 이 족발은 꼭 먹어야 한다며 거들었지요.

다음 날 새벽 산책을 위해 숙소를 떠날 때였습니다. 언제 일어났는지 김인호 시인이 해맞이를 가자고 했습니다. 나는 가벼운 산책이나 하려고 했었는데요. 남해까지 왔는데 바닷가를 걷지 않는다는 것도 바다에 대한 예의가 아니겠지요. 그런데 차를 가지고 온 다른 회원들은 간밤의 여흥에 취해 아직도 자고 있으니 별수 없이 발품을 팔아야 했습니다.

바닷물에 절을 대로 절은 방조림을 걸었다

느티나무 푸조나무 이팝나무 산딸나무 때죽나무 모감주나무 광대싸리 보리수
두릅나무 인동초 댕댕이덩굴 배풍등과 온갖 꽃과 풀의 길

서로서로 손을 잡고 어우렁더우렁 어깨를 걸고
모진 바람과 해일을 막아
물고기 떼까지 불러들인다는데

이 세상
나무는 나무대로

덩굴은 덩굴대로
꽃은 꽃대로
풀은 풀대로
그대로 물건이 아닐까마는
어떤 나무는
껍질이 통째로 벗겨져도
끝끝내 썩지 않는 심장이 뛰고 있다

세상 가장 큰 숲, 우리 엄니처럼

—양문규, 「물건리」 전문

빗방울이 간간 비치기는 했지만 멀리 바다 위로 붉은 기운이 가득했습니다. 1시간여 바닷가 주변을 걸었습니다. 그리고 돌아오는 길에 숲을 만났는데요. 바다로 가기 전 이미 이 숲을 지났는데도 숲은 보지 못하고 바다만 바라봤습니다. 그런데 돌아오는 길에 마을과 숲 사이를 두고 세워진 입간판을 보고서야 어제 저녁 식사 전 '물건리 방조어부림' 산책 여정이 잡혀 있던 곳이란 것을 알게 되었습니다.

"바닷물에 절을 대로 절은 방조림"을 이루고 있는 "느티나무 푸조나무 이팝나무 산딸나무 때죽나무 모감주나무 광대싸리 보리수 두릅나무 인동초 댕댕이덩굴 배풍등과 온갖 꽃과 풀의 길"을 걸으면서 "나무는 나무대로/덩굴은 덩굴대로/꽃은 꽃대로/풀은 풀대로" "서로서로 손을 잡고 어우렁더우렁 어깨를 걸고/모진 바람과 해일을 막아/물고기 떼까지 불러들"이는 "세상 가장 큰 숲"을 걸으니 얼마나 행복했겠는지요.

숙소로 돌아오니 몇몇 시인들이 손을 흔들었습니다. 다른 사람들은 아직도 꿀잠을 자는 듯 보였습니다. 아침 식사 전 보리암에 다녀오자고 제안했지요. 남해 여행에 어찌 남해한려해상국립공원을 한눈에 볼 수 있는 보리암을 빼놓을 수 있겠는지요. 강경아 시인의 차편으로 보리암을 찾았는데요. 이번 여정은 등산로가 아닌 보리암 근처 주차장에 차를 대고 오르니 수월했습니다. 이른 아침인데도 주차장부터 인산인해를 이루었습니다. 아마도 코로나19 거리두기가 해제되었으니 모두 여행길에 올라 그런 게 아니겠는지요. 하늘과 바다와 산과 초목이 푸르듯이 우리도 날아갈 듯 푸른 아침이었습니다.

2년여 만에 재개된 이번 남해 문학기행은 거리가 멀어 많은 회원이 참석지 못했습니다. 그러나 나름대로 기쁘고 행복했습니다. 정현태 시인을 만난 것이 그렇고 물건리에서 "세상 가장 큰 숲"을 볼 수 있었기 때문입니다.

여행을 하면서 여행에 대한 반문은 아마도 코로나19 사회적 거리 두기 이후 부터이지 싶습니다. 가고 싶을 때 가지 못하는 것, 떠나고 싶을 때 떠나지 못하는 시절은 얼마나 불행한가요. 그것은 만나고 싶을 때 만나지 못하는 슬픔과도 같습니다. 여행을 하면서 다시 여행을 생각합니다.

공주에 가면

최근 몇 년간 세종과 공주를 안방처럼 드나들었습니다. 세종은 처가와 시와 에세이 출판사가 있어서 그랬는데요. 공주는 공주보다 더 아름다워서 자주 갔던 걸까요.

고교 동창 중 공주 유구가 고향인 친구가 있었습니다. 고교 졸업 후 그를 따라 공주에 간 적이 있었는데요. 그때 처음 공주 땅을 밟은 것으로 알았습니다. 그런데 공주는 이미 고등학교 때 여러 차례 다녀왔더라고요. 다름 아닌 동학사였습니다. 동학사가 대전 아닌 행적 구역상 공주라는 걸 알게 된 것은 고등학교를 졸업하고 한참 지나서였습니다. 동학사는 대전 시내버스를 타고 다녔기 때문에 그냥 대전이라 착각했던 것이지요. 지금도 입버릇처럼 동학사를 공주보다는 대전 동학사로 부를 때가 많습니다.

이번 문학기행을 공주로 정한 데는 몇 가지 연유가 있습니다. 거리상 서울·경기 회원들의 배려 차원이 컸는데요. 마침 세종에서 '시와 붓글씨의 만남—효림 스님 붓글씨와 시낭송' 행사가 있어 날짜를 맞추게 되었습니다. 개인적으로는 공주 방문 때 한 번도 찾지 않았던 무령왕릉 등 문화유산 답사 목적이 있었고요. 거기다가 서울 거주 회원이 몇 명의 동료와 함께 참여한다 해서 여러 가지로 딱 맞아떨어졌지요.

 오전 10시, 간간이 흩뿌리는 빗길을 달려 집결 시간보다 좀 일찍 풀꽃문학관에 도착했습니다. 나태주 선생님은 서울 강연 일정으로 뵐 수 없었지만 풀꽃문학관은 예전 그대로 풀꽃처럼 반갑게 맞아주었습니다.

> 맑은 날은 먼 곳이 잘 보이고
> 흐린 날은 기적소리가 잘 들렸다
>
> 하지만 나는 어떤 날에도
> 너 하나만 보고 싶었다.
>
> —나태주, 「외로움」 전문

 나태주 시인은 시를 쓰며 산 생애를 후회하지 않는다고 이야기합니다. "한쪽 시력을 잃어버려"도 "한쪽으로"라도 "보려는 마음" "그것이 사랑이고" "시인의 마음"이라고 하는데요. 시인의 시는 무지개처럼 까닭 없이 그립고 아주 멀기에 어여쁜 것, 사랑스러운 것이 분명 있을 것만 같아서 가슴이 뜁니다. 그래서 "맑은 날은 먼 곳이 잘 보이고/흐린 날은 기적소리가 잘 들"리는 지 모르겠습니다. 나태주 선생님의 시는 힘들고 어려운 시절을 건너는 우리 모두에게 언제나 큰 위로와 감동입니다.

 서울에서 김나연 시인, 경기의 양효숙 수필가, 충북에서 엄태지, 조영행 시인, 경북의 황구하 시인, 대구에서 김옥경, 나문석, 서봉순 시인, 경남에서 권용욱 시인, 전남의 김길전 시인, 그리고 처처에서 달려온 시인 등의 일행이 모두 합류한 후 풀꽃문학관에서 기념사진을 찍었습니다.

모두 풀꽃문학관을 천천히 둘러보고 '나태주 골목길'을 걸었습니다. 하얀 시멘트 담벼락에는 선생님의 「풀꽃」 등 여러 편의 시와 꽃 그림이 새겨져 있었습니다. 시와 그림을 감상한 후 '대통사 쉼터'를 돌아봤습니다. 이곳은 백제시대의 절터로 기와 등 유물이 발굴되었다 합니다. 이를 기념하여 도심형 문화유적공원으로 조성한 것이라는데요. '나태주 골목길'과 '대통사 쉼터'는 현대와 과거가 다르지 않고 오늘과 하나라는 걸 잘 보여주는 듯했습니다.

공주 하숙마을은 1970년 전후 우리나라 하숙 문화를 한눈에 볼 수 있도록 재구성되어 있었습니다. 하숙마을 곳곳을 돌아보면서 그때 그 시절의 옛 추억과 향수에 젖었습니다. 특히 교복 차림의 마네킹에 얼굴을 얹어 사진을 찍으면서 고교생이 된 것인 양 뽐냈는데요. 자리를 바꾸어 여학생으로 깜짝 쇼를 펼칠 때 모두 손뼉을 치며 한바탕 크게 웃었습니다.

문화 생태하천이라 불리는 제민천 산책로를 따라 한참 걸었습니다. 발길 닿는 곳마다 물소리가 찰랑거렸습니다. 시나브로 빗소리가 더해지니 애써 과거를 상기하지 않아도 새록새록 새겨지는 것이 있었습니다. 멱을 감고 물고기 잡는 아이들과 데이트를 즐기는 청춘들과 빨래하는 아낙들이 보이는 듯했습니다. 그때 누군가 "여기가 연애천이었겠네." 했지요. 이 소리를 듣고 모두는 너나없이 "공주에 오면 연애를 해야 해요." 해서 또 한 번 박수와 웃음이 터졌습니다. 거기다가 "공주에 오면 다 공주가 되는 겨." 하는데요. 공주에서 공부했던 학생은 얼마나 행복했을까 내심 부럽기까지 했습니다.

공주에 가면 공주를 만날 수 있을까
생뚱맞은 생각을 하다가
엄니, 공주 가면 공주가 있을까요?
싱겁게 물었더니만 엄니는 말 같지 않다는 듯
니 나이가 몇인데 아직도 공주를 찾냐
한마디 하시는데요
그게 아니고요, 공주에 가면
공주가 있을 것도 같아서 물어본 거요
야야, 공주는 집에도 있는데
말라고 없는 공주를 간다고 그라냐
공주 있다니께유,
저번 아부지랑 공주 갔다가
풀꽃문학관 시집 주고 왔잖아요
뭔 소리다냐,

니 아부지가 시집가 공주를 만났다고?

—양문규, 「공주에 가면」 전문

　나태주 선생님과 인연은 고등학교 졸업 전후니 공주만큼이나 오래되었다고 볼 수 있습니다. 특히 낙향하고는 자주 뵐 수 있었는데요. 그런 인연으로 시적 교류를 하면서 여러 차례 공주를 찾았습니다.

　한 번은 아버님이 함께하기도 했습니다. 아버님은 대전 유성과 동학사 길목을 지날 즈음 "저기는 누구랑 언제 갔고, 또 저기는 니 엄마랑 눌러 갔다." 등 세세하게 기억했습니다.

　엄니는 내가 외출하거나 외유할 때 "어디를 가냐, 자고 오냐?" 꼭 묻습니다. 그리고 "거긴 왜 가냐."도 빠지지 않습니다. 이번 여행도 예외는 아니었습니다. 위 졸시는 그래서 받아적은 것인데요. 엄니는 공주 간다는 걸 공주 찾는 것으로 알았나 봐요. 그래서 아버지와 한참 웃었지요. 아무튼 공주에서는 공주를 만날 수도 있지 않을까요. 제민천을 걸으면서 그런 생각을 하니 실실 웃음이 나왔습니다.

　점심 식사를 마치고 공산성을 찾았습니다. 공산성은 공주의 대표적 명소답게 우중인데도 사람들로 북적댔는데요. 코로나19 사회적 거리 두기가 해제됐다는 걸 실감할 수 있었습니다. 그리고 공주는 백제의 도읍지요, 문화 예술의 고장답게 여행객이 많다는 걸 확인할 수 있었습니다.

　일행 중 몇 명은 비 핑계로 공산성 대신 휴게실에 쉬기로 했습니다. 나는 목포에서 올라온 김길전 시인과 서울서 내려온 김나연 시인 등과 공산성을 올랐습니다. 우리는 성곽을 따라 걸으면서 강과 마을을 내려다봤는데요. 공주는 여러 가지로 행복한 도시라는 걸 공감했습니다.

　공주 무령왕릉과 왕릉원 등은 백제의 독창적인 문화를 인정받아 2015년 '백제 역사 유적지구'로 유네스코 세계유산에 등재된 바 있습니다. 특히 "무령왕릉과 왕릉원은 백제 웅진 시기(475~538년)의 왕릉군으로서 무덤의 구조와 유물이 백제 문화의 우수성과 고대 동아시아의 밀접한 문화 교류를 증명한다는 점에 그 가치를 인정받고 있다."고 합니다. 그런데 공주를 여러 차례 왕래했음에도 불구하고 이제야 이곳을 찾았다니 백제의 후손으로 부끄럽기 이를 데 없었습니다.

　백제 제25대 무령왕릉은 무덤의 주인을 알 수 있는 삼국시대 왕릉으로 유명합니다. 이 능은 1971년, 1,500여 년 만에 세상에 그 모습을 드러냈습니다. 특히 무덤의 주인이 무령왕임을 알 수 있는 지석이 출토되고, 원형 그대로 완전하기 때문에 백제사뿐만 아니라 고대사 연구에 많은 자료를 제공하고 있다는데요. 송산리 고분 내 무령왕릉과 송산리고분군 전시관을 돌아본 후 우리는 바로 한옥마을로 이동했습니다.

오후 3시 비가 그친다는 일기예보는 적중했습니다. 한옥마을은 어디나 정겹습니다. 우산을 접고 한옥마을 곳곳을 돌아보면서 이곳에 숙소를 잡았으면 좋았을 걸 하는 아쉬움이 일었습니다. 이른 아침부터 움직여 일행 모두 피곤했는지 그만 숙소로 가자고 했습니다. 아마도 오랜만에 만난 반가움으로 술이 고파 그랬지 싶습니다.

지금은 토요일 오후, 동학사(東鶴寺)엔 함박눈이 소록소록 내리고 있다. 새로 단장(丹粧)한 콘크리트 사찰(寺刹)은 솜이불을 덮은 채 잠들었는데, 관광(觀光) 버스도 끊인 지 오래다. 등산복 차림으로 경내(境內)에 들어선 사람은 모두 우리 넷뿐, 허전함조차 느끼게 하는 것은 어인 일일까? 대충 절 주변을 살펴보고 갑사(甲寺)로 가는 길에 오른다.

동학사는 고등학교 국어 교과서에 수록된 「갑사 가는 길」을 통해 처음 알게 되었습니다. 그리고 이 글의 마지막 문장 "날은 시나브로 어두워지려 하고 땀도 가신 지 오래여서, 다시 산허리를 타고 갑사로 내려가는 길에, 눈은 한결같이 내리고 있다."에서 '시나브로' 단어도 처음 익혔습니다. 그 이후 '시나브로'의 어감과 뜻이 좋아 지금까지 즐겨 써먹는데요. 특히 동학사를 찾을 때면 나도 모르게 '그 임이 시나브로 오실까' 말도 안 되는 생각을 할 때가 많았지요. 그 임은 없었지만 동학사는 언제나 평화요 행복입니다.

다음 날 이른 새벽 동학사를 찾았습니다. 이른 새벽인데도 산책을 하거나 등산 가는 사람들이 많았습니다. 그러니 숙박비가 엄청 비싼 건 당연하겠지요. 아무튼 이 나라가 그만큼 잘 살고 산을 찾는 사람들이 많아졌다는 증거겠지요. 동학사가 또 좋은 연유는 큰 불사 없이 옛 모습 그대로 감동을 선사하기 때문입니다. 그래서 이번 여정 가운데 큰 고민없이 선뜻 동학사를 택한 연유이기도 합니다.

세종은 자주 가지만 대부분 구 시가지 조치원이었습니다. 어쩌다 정부종합청사가 있는 신 시가지를 간다 해도 식사나 차를 마시는 것이 전부였습니다. 그런데 시에문학회 회원들과 세종의 새로운 명소 호수공원을 걸으니 더없이 좋았습니다.

　세종호수공원 일원은 전국 최대 규모의 호수공원(69만여㎡)과 140만여 ㎡의 중앙공원, 그리고 65만여㎡의 국립세종수목원이 연접한 도심 호수공원인데요. 여기에다 다양한 식물과 테마형 정원 등을 갖추고 있으니 세종의 대표 관광지라 할 수 있을 것 같습니다. 무엇보다 '사람 사는 세상'을 꿈꿨던 고 노무현 대통령을 추억하는 공간이 있다는 것만으로도 최고였습니다. 기념사진을 찍으면서 세종이 세종다운 건 바로 노무현 전 대통령이 있었기 때문이라는 걸 확실하게 깨달았습니다.

　　내가 그린 내 얼굴이
　　나를 보고 웃고 있다

　　니가 나를 그렸느냐
　　내 얼굴이 니 얼굴이냐
　　그렇게 묻는 듯이

나도 모를 그 묘한 표정으로

나를 보고 웃고 있다

—임효림, 「얼굴」 전문

 이번 여행의 마지막 여정은 '시와 붓글씨의 만남'이었습니다. 본래 이 행사는 '효림 스님 붓글씨 나눔 잔치와 볼 때마다 좋은 사람 시상식' 행사로 매년 4월 마지막 주 일요일 세종시민회관에서 열렸습니다. 코로나19 이후 중단되었다가 만 3년 만에 시에문학회와 같이 다시 섰습니다. "니가 나를 그렸느냐/내 얼굴이 니 얼굴이냐" 서로가 서로를 반추하며 '볼 때마다 좋은 사람'을 새기는 아름다운 행사가 되었습니다. 효림 스님께서는 "내년부터는 시인의 시를 붓글씨로 쓰고 시낭송과 더불어 행복한 나눔 잔치가 될 수 있도록 하자."며 기뻐하셨습니다.

 여행이 여행다울 때가 있습니다. 단지 보고 즐기는 것뿐만 아니라 새로운 세계를 만들어 가면서 함께 나누는 잔치가 그렇습니다. "내가 그린 내 얼굴이/나를 보고 웃"듯이 문학 도반들과 환하게 웃는 공주, 세종이었습니다.

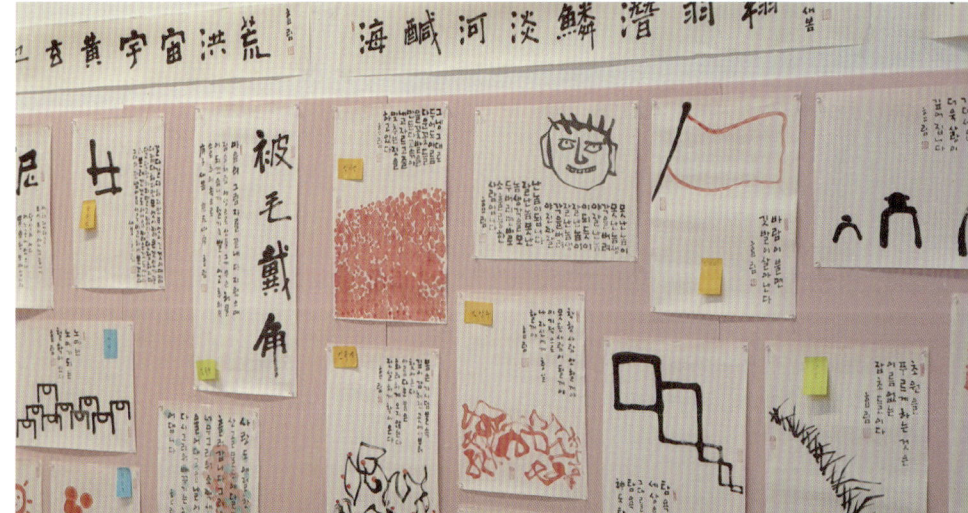

친정아버지 비행기 타다

1. 집을 나서다

지난 7월 13일부터 7월 31일까지 헝가리를 다녀왔습니다. 출국 며칠 전 부모님께 헝가리 가는 연유를 말씀드렸습니다. 부모님은 친정아버지가 되어 딸내미가 어떻게 사는가 가봐야 하지 않겠냐며 흔쾌히 허락하셨습니다. 그러면서 딸을 낳으면 비행기 탄다더니, 딱 맞구나 하며 아버지가 허허 웃었습니다. 그러자 엄니는 요샌 아들 낳아도 비행기 잘 탄다던디 하며 맞장구쳤습니다.

코로나19가 잠시 소강상태였을 때 두 차례 유럽 여행을 한 적이 있습니다. 부모님은 그때마다 그 먼 나라를 왜 갔냐며 눈물로 질타했습니다. 이번에는 미리 허락을 받은 상태라 부모님의 걱정을 덜어드리긴 했습니다. 그런데 오랫동안 집을 비워야 하니 부모님 걱정을 하지 않을 수 없었습니다. 동생에게 하루 한 차례 본가 들러 부모님 살피는 것과 가끔 산방 들러 봐달라 신신당부하고는 여행 가방을 챙길 수 있었습니다.

헝가리 여행은 본래 2024년으로 예정되었습니다. 딸내미 시댁의 어른들이 먼저 다녀온 후에 가는 게 예의라 여겼기 때문입니다. 그런데 사돈댁이 내년에 간다고 해서 뜻하지 않게 헝가리행을 결정했는데요. 딸내미와 전화 통화와 카톡을 주고받으면서 여행 일정을 조율했습니다. 크로아티아는 딸내미 부부와 2박 3일, 이탈리아는 식구와 7박 8일로 국내 여행사를 통해 들어오는 여행팀과 로마에서 합류하는 것으로 했습니다. 여행사 직원은 지금 이탈리아가 엄청 덥다고 하면서 양산, 쿨스카프, 선크림, 손풍기, 부채, 모자 등 더위를 식히는 데 필요한 모든 걸 준비하라 했습니다. 그러면서 7월 19일은 최고 43도까지 예상된다며 크게 걱정했습니다. 그래도 이번 기회에 이탈리아까지 여행하는 행운이 주어진 것에 감사했습니다. 이탈리아 여행이 가능했던 것은 사위 회사에서 헝가리행 왕복 항공료를 지원해 경제적 부담을 덜었기 때문이기도 했습니다.

전국에 물 폭탄이 예고된 이른 새벽 집을 나섰습니다. 큰비 만나지 않고 예정된 시간 인천공항에 도착했습니다. 이번 헝가리행은 딸내미와 사위 만나는 데 큰 뜻이 있지만 헝가리를 비롯 크로아티아와 이탈리아 여행하는 재미도 쏠쏠할 것입니다. 비행기 탑승 후 12시간 10여 분 끝에 부다페스트에 도착했습니다. 딸내미 만난다는 설렘 때문인지 아주 긴 비행시간인데도 지루하거나 피곤함을 느낄 수 없었습니다.

2. 크로아티아를 가다

헝가리는 우리 시간보다 7시간 늦어 마치 하루를 더 쓰는 것 같았습니다. 14일 오전 7시 30분, 유럽에 왔으니 유럽식 살구빵으로 아침을 하고 커피를 마신 후 길을 나섰습니다. 이번 여행의 첫 일정은 딸내미 부부와 2박 3일 동안 크로아티아 수도 자그레브와 플리트비체 국립공원과 해변 도시 리예카를 돌아보는 것입니다. 사위가 주말을 끼고 금요일 연가를 내어 운전사 겸 가이드를 자처해 아주 편한 여행이 되었습니다. 부다페스트에서 크로아티아 국경을 넘기까지 끝도 없이 펼쳐지는 초원과 해바라기밭이 넘실넘실 달려들었습니다.

　크로아티아 수도이며 관광의 중심 도시 자그레브 반 옐라치치 광장에 도착한 것은 오전 11시 30분이었습니다. 예약한 식당을 찾아가느니 취소하고 트칼치체바 거리 카페에서 간단하게 점심을 하고 반 옐라치치 광장과 돌라츠 시장 등을 돌아봤습니다. 자그레브 대성당은 공사 중이었습니다. 이날 최종 목적지 플리트비체 국립공원까지 3시간여 더 가야 한다니 바로 차에 올랐습니다.

헝가리에 도착하자마자 국내는 큰비로 농경지가 침수되고 산사태와 인명 피해가 속출한다는 소식을 페북 등을 통해 알 수 있었습니다. 15일 새벽 눈뜨자마자 동생과 동네 친구에게 전화를 넣었습니다. 영동은 비가 소강상태라 별 피해는 없고 여여산방 역시 안전하다면서 여행이나 잘하라는 위로의 말을 듣고 한숨 돌렸습니다.

1979년 유네스코에 의해 세계문화유산으로 지정된 플리트비체 국립공원은 자연 그대로 나무와 나무 사이가 주차장이었습니다. 차를 세우고 파노라마 기차 버스를 타기 위해 도로 위 다리를 건넜습니다. 그 다리 역시 철재나 시멘트 사용 없이 나무로 만들어진 친자연적 다리였습니다. 파노라마 기차 버스를 타기 위해 걸어가는 동안 저 멀리 시원한 물줄기를 내뿜는 폭포가 보였습니다.

플리트비체 국립공원 여행 코스는 여러 개로 이루어져 있습니다. 그중에 많은 사람들이 선호한다는 H코스를 택했습니다. 파노라마 기차 버스를 타고 내려 처처의 호수와 폭포와 자연을 구경한 후 다시 버스를 타고 나오기까지 자연보다 더 자연적인 풍광에 장장 6시간 내내 입이 다물어지지 않았습니다.

플리트비체 호수는 석회암과 백악(chalk) 위로 흐르는 물이 수천 년 이상 걸쳐 석회 침전물을 쌓아 천연의 댐이 형성되었다고 합니다. 그러면서 곳곳에 동굴과 크고 작은 폭포 등을 만들고 있다는데요. 물소리를 따라 걸으니 눈과 귀가 즐거웠습니다. 눈과 귀가 즐거우니 저절로 발소리가 가벼웠고요. 20,000여 걸음을 걷는데도 발이 가벼우니 마음도 고요했지요. 플리트비체 국립공원에 발을 들여놓는 순간 몸과 마음이 이미 자연의 일부가 되었습니다. 물속의 물고기와 숲속의 동식물도 그것을 여실히 보여주었습니다.

플리트비체 국립공원을 나와 3시간여 구불구불 산길을 넘고 반듯한 초원을 달리고 또다시 구불텅 해안 도로를 따라 도착한 곳은 해변 도시 리예카입니다. 리예카는 생기가 넘쳤습니다. 도착하자마자 노거수 아래 축제가 한창이었는데요. 인도풍의 주술적 춤과 노래가 신비로워서 넋 놓고 한참을 바라보았습니다.

16일 아침 오송 지하차도 참사 소식을 접하면서 마음이 아팠습니다. 그러나 동생이 보내온 "어제 오후부터 소강상태~ 지금은 참매가 울고 반짝 해가 뜨네요" 카톡을 보면서 더 이상 폭우로 참담한 사태가 없길 간절하게 기도했습니다. 그리고 엄마와 아버지와 통화를 한 후 식전 시내를 돌아봤습니다.

리예카는 한국인이 찾는 관광 명소는 아니지만 나름대로 조용하고 깨끗한 도시 같았습니다. 아침 식사를 마치고 호텔을 나와 중앙시장을 찾았습니다. 우리네 동네 시장과 크게 다를 게 없었지만 수산물을 갖추고 있어 여기가 해

안 도시란 걸 실감할 수 있었습니다. 헝가리는 바다가 없으니 수산물을 구경하기 힘들다고 합니다. 그러니 딸내미 부부는 얼마나 바다 음식이 그리웠겠는지요. 전날 초밥을 비롯한 해산물을 먹으면서 이제 살 것 같다는 이야길 들으니 이국에서의 생활이 쉽지 않다는 걸 알 것 같았습니다.

유럽 여행할 때 빼놓을 수 없는 여행지는 단연 성당과 고성입니다. 그러나 이번 여행은 성당과 고성을 찾더라도 그 안에는 들어가지 않기로 했습니다. 특히 고성은 한여름 걸어서 오르는 게 여간 고역이 아닐 수 없습니다. 그러나 트르사트성은 차로 갈 수 있다고 해서 찾아갔는데요. 주차장에 차를 세우고 언덕에 오르니 아드리해 먼바다와 시내를 한눈에 담을 수 있었습니다.

국경을 넘나들며 여행을 한다는 건 생각같이 쉽지 않았습니다. 리예카에서 부다페스트까지 차로 6시간여 달려야 한다니 사위한테 미안할 따름입니다. 내일은 사위가 출근해야 하니 오후 다른 일정을 고려할 틈이 없었습니다. 사위가 운전하는 동안 우리는 졸다가 자다 눈뜨니 부다페스트였습니다. 저녁엔 한국인 식당을 찾아 각자 좋아하는 육회비빔밥, 순대국밥, 비빔냉면 등으로 식사를 했습니다. 거기다가 순대와 탕수육까지 시키니 모두 피곤한 기색 없이 얼굴이 환해졌습니다. 역시 한국인은 한국인의 밥상이 최고지요. 딸내미 집에 도착하니 테라스의 호박과 상추와 쑥갓과 들깨 등이 쑥쑥 자라 있었습니다.

18일 이탈리아 여행을 하루 앞두고 오전 내내 딸내미 집에서 쉬었습니다. 오후 들어 쇼핑을 한다며 시내 바치거리 패션스트리트를 찾았는데요. 집을 나서기 전 식구는 옷 사러 갈 건데 그냥 집에서 쉬어도 좋다는 사인을 보냈습니다. 그도 그럴 것이 물건 고르고 사는 시간이 한없이 지체되는 걸 내가 못 기다려 주는 걸 잘 알기 때문입니다. '군소리 안 할 테니…' 하며 슬쩍 따라나섰지요. 택시를 탈까 버스를 탈까 잠시 고민하다 버스를 탔습니다. 우리를 태운 굴절버스는 깨끗하긴 했는데요. 에어컨이 없는 건지 틀지 않아서 그런지 무척 더웠습니다.

여자들 옷 사는 시간은 예상보다 더 오래 걸렸습니다. 아무 소리 하지 않기로 했으니 무작정 기다리는 수밖에 없었지요. 그러다가 내 옷도 사게 되었는데요. 채 1분이 걸리지 않았습니다. 그리고 늦은 점심을 베트남 식당에서 쌀국수와 만두 등을 먹었습니다. 그런데 가격이 장난 아니었습니다. 어제 한식당과 그제 일식 또한 음식값이 서울의 가격 못지않게 비싸 입이 다물어지지 않았는데요. 러시아와 우크라이나 전쟁의 여파가 대단한 거 같았습니다.

사위가 퇴근하고 시내 사진 촬영 투어에 나섰습니다. 딸내미 결혼 1주년에 즈음하여 아들내미가 빠지긴 했지만 가족사진을 찍기 위해 부다페스트에서 가장 잘나간다는 사진작가를 섭외해 놓았나 봅니다. 나는 부다페스트 사전 야경 답사로 여기며 신났는데요. 특히 딸내미 사진 찍을 때마다 여기저기서 많은 셔터가 터졌는데요. 한복 차림이 외국인에게 꽤나 이색적인 아름다움을 선사했나 봅니다. 사진 촬영은 국회의사당 불이 꺼질 때까지 계속되었습니다.

3. 이탈리아를 가다

이탈리아 여행은 18일 오후 국내에서 들어온 여행팀과 로마 공항에서 만나기로 했었습니다. 그러나 부다페스트에서 오전 출국하는 비행기가 없어 부득이 숙소에서 합류하는 것으로 했습니다. 이탈리아는 소매치기, 날치기 기승을 부린다는 험악한 소문이 넘쳐나는 터라 현지 가이드를 통해 운임이 100유로인 벤츠 택시를 예약받았습니다.

우리가 탈 비행기는 오후 5시 55분 비행기였습니다. 그런데 항공 안내판에 탑승 시간이 한 시간 뒤로 뜨더니 계속해서 10분, 20분 뒤로 뒤로 밀려나 답답하기 짝이 없었습니다. 그 이후 어쨌든 비행기에 올랐는데요. 분명 오후 7시 5분 출발한다는 비행기는 옴짝달싹도 하지 않은 채 승무원의 어떤 안내도 없는 겁니다. 이게 뭔 일일까요. 30여 분이 지났을까요. 출발한다는 안내 방송과 승무원의 수화가 시작됐습니다. 딸내미한테는 걱정하지 말라며 '이제 출발한다.' 카톡을 넣고 안전벨트를 맸는데요. 8시가 지나고 9시가 지나도록 비행기는 이륙에 별 뜻이 없는 듯 그대로였습니다. 드디어 10시 안내방송이 있고, 비행기 안이 잠시 소란하다가 이내 조용해졌습니다. 우리는 뭔 뜻인지 몰라 체념한 채 오늘 안에는 들어가겠지 하며 스스로 위로했습니다. 아마 우리나라 같았으면 공항이 몇 번 들렸다 뒤집혔을 것입니다. 예약된 택시는 취소되고, 공항에서 택시를 타고 숙소에 도착하니 날이 바뀌었습니다. 택시 요금은 50유로, 예약된 벤츠 택시 요금보다 50유로가 싸니 식구는 '이 50유로를 벌라고 뱅기가 그렇게 연착했나 봐' 하며 쓴웃음을 지었습니다.

19일 오전 로마에서 버스로 3시간 30여 분 만에 폼페이에 도착했습니다. 어디를 가든 제일 먼저 찾는 곳은 관광 명소가 아니라 화장실입니다. 그것도 돈을 내고 줄을 서서 볼일을 봐야 하는 유럽 여행, 참 기이한 풍경이지요.

이탈리아가 40도를 넘나드는 살인적인 더위를 기록 중이라는 걸 잘 알고 왔습니다. 그래서 나름대로 준비도 했었는데요. 이 살인적인 더위 앞에서는 인위적인 그 무엇도 소용없었습니다. 폼페이 유적을 구경하기도 전에 봄이나 가을에 왔으면 좋았을 걸 걷는 내내 후회막급이었습니다. 그러니 폼페이가 눈에 들어올 리가 만무했지요. 돈 들이고 놀면서 즐겁고 행복하기보다 힘들고 고통스러운 게 있다면 이번 이탈리아 여행이 그럴 것 같았습니다. 그늘 하나 없는 땡볕의 폼페이 유적지를 벗어나 바닷가 소렌토를 가면 잠시 기절 속에서 깨어날 듯 싶었습니다. 그러나 폼페이역에서 소렌토 가는 열차를 타는 순간 이젠 완전 죽었구나 했습니다. 발 디딜 틈 하나 없는 만원에다가 에어컨 없이 30여 분 동안 통 속에 갇혀 있다고 생각해 보세요. 그래도 여행은 행복한가 자문하면서 바닷가를 유람했습니다.

카프리섬 역시 아름다운 전경이 눈에 들어오는 게 아니라 어서 여기를 벗어나면 좋겠다는 생각뿐이었습니다. 카프리섬에서 배를 타고 나폴리로 나와 숙소로 이동하는 동안 눈 한번 뜨지 않은 채 고개를 떨구고 숙소에 도착했습니다. 그리고 저녁을 먹는 둥 마는 둥 쓰러져 잠자리에 들었는데요. 눈 뜨니 새벽 4시 30분, 어제 여행을 돌아보면서 '나폴리를 보고 죽어라!'와 '돌아오라 소렌토로' 대신 '돌아가자 조국으로', 이 뭣고? 화두가 문득 떠올랐습니다.

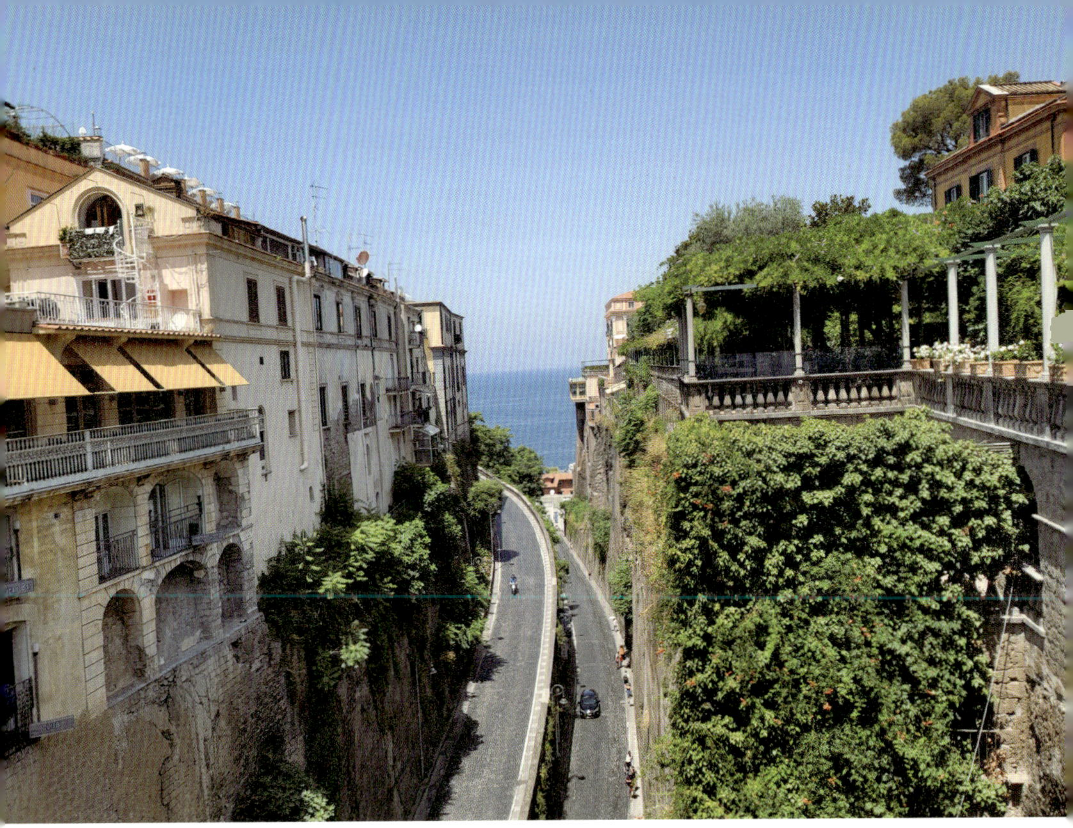

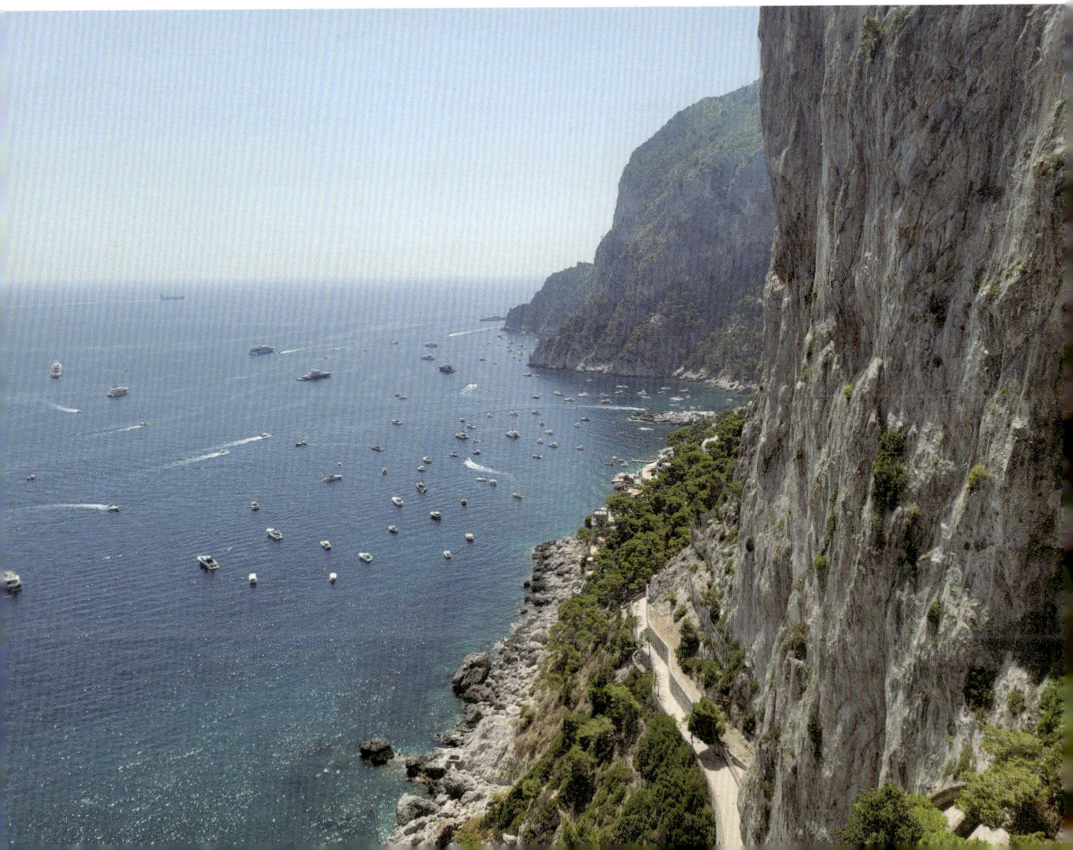

한낮의 살인적 더위와는 달리 숙소가 있는 산속에서의 새벽은 상쾌했습니다. 식사 전 골목을 따라 산책하다가 분꽃과 제비를 만났는데요. 길을 가다 보면 작은 마주침으로 좋은 날도 있지요.
　살레르노에서 로마 바티칸 시티까지는 버스로 약 3시간이 걸렸습니다. 날씨는 오전인데도 푸른 기색 없이 회멀건하고 푹푹 쪘습니다. 점심을 먹는 둥 마는 둥 하고 바티칸 박물관으로 들어가기 위해 긴 줄에 합류했습니다. 두어 시간 기다린 끝에 입장할 수 있었는데요. 도떼기시장은 저리 가라였습니다. 성 베드로 대성당 역시 마찬가지였는데요. 작품 감상할 사이 없이 수많은 인파에 떠밀려 앞으로 앞으로 나아가야만 했습니다. 그러니 어떤 작품이 눈에 들어오겠는지요. 그래도 바티칸 박물관과 성 베드로 성당에 발자국을 찍었다는 데 의미를 두어야겠지요. 그리고 잠깐이지만 미켈란젤로의 「천지창조」, 「최후의 심판」 등을 두 눈으로 직접 봤다는 데 큰 의미를 부여했습니다.

바디칸 시티 여행은 실내에 머무는 시간이 많아 어제처럼 기절초풍은 하지 않았습니다. 아주 잠깐이지만 사람과 사람에 떠밀려 가다가 잠시 잠깐 선풍기 바람도 쐤고요. 광장 내 화장실은 돈 내지 않고 맘 편히 실례도 할 수 있었고요. 준비해 간 물이 동나면서 목마름과 갈증으로 약간 힘들긴 했지만 교황님 덕분인지 여여생생했습니다.

21일 첫 여정은 천사의 성을 찾았습니다. 식구와 나는 천사의 성안에 들어가는 대신 포플러 가로수길을 걸었습니다. 이태리 오니 이태리 포플러를 본다며 아내는 좋아했습니다. 앞서 밝혔듯이 이번 유럽 여행 중 특별하지 않으면 성과 성당은 들르지 않기로 했었거든요. 그래서 천사의 성 대신 천변도 걷고, 포플러 가로수길 사이 노천카페에서 우리식 아메리카노 아이스커피를 마시면서 모처럼 나무 그늘 속에서 여유로운 여행을 만끽했습니다.

두 번째 여정은 '모든 신들에게 바쳐진 신전'이라는 뜻을 지닌 판테온 신전을 찾았습니다. 천사의 성에서 판테온 신전까지 걸어가는데 오전인데도 그 열기가 대단했습니다. 판테온 신전에 도착했을 때 입장하기 위한 행렬이 양쪽으로 길게 펼쳐져 있었는데요. 여기도 들어가는 대신 신전 주변 거리를 산책하는 것으로 대신했습니다. 그리고 영화「로마의 휴일」로 유명하다는 스페인 광장을 돌아본 후 벤츠 밴 투어가 시작되었습니다. 트레비분수, 카피톨리언덕, 포로로마노, 전차경기장, 사자의 입, 콜로세움 등 숨가쁜 일정의 연속이었습니다. 에어컨 시설이 잘된 벤츠 밴 타고 잠시 잠깐 유적지를 돌아보는 여행이었는데도 불구하고 콜로세움 도착했을 때 모두 탈진 상태였습니다. 그래도 이번 부다페스트 여정이 아니었다면 언제 이탈리아를 오겠는지요. 여행하는 내내 생애 처음 겪는 살인적 더위로 힘들고 고통스럽긴 하지만 딸내미에게 그저 감사할 뿐입니다.

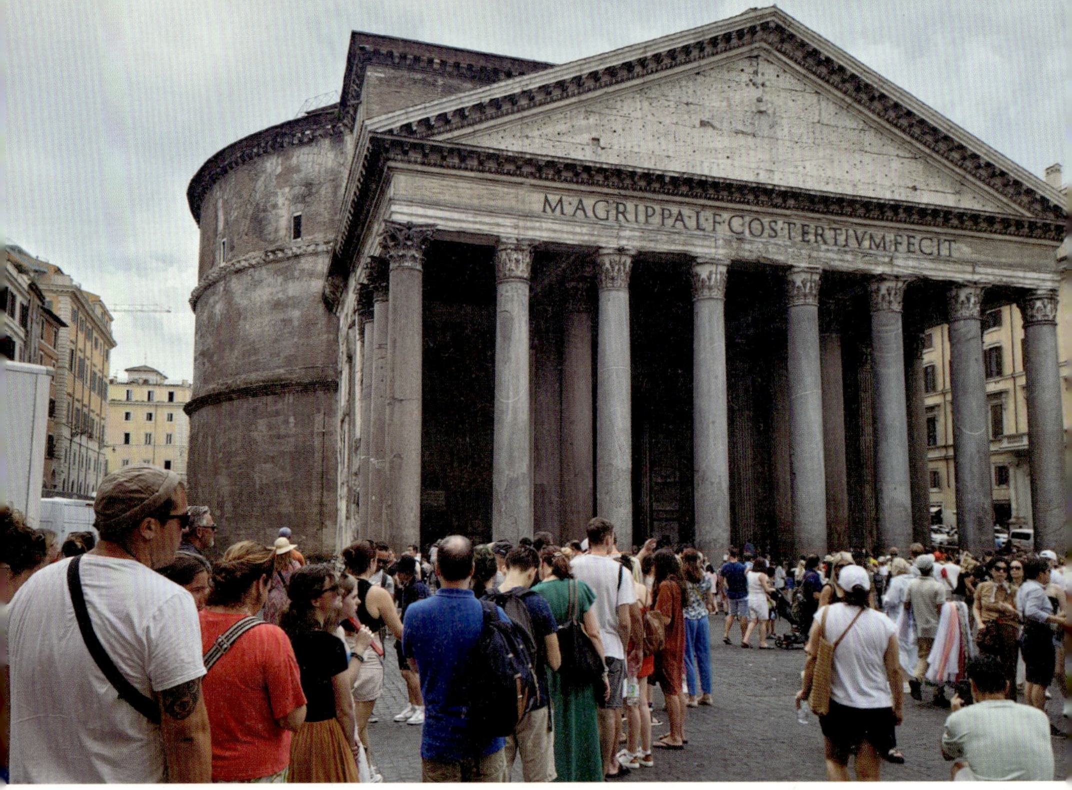
M·AGRIPPA·L·F·COS·TERTIVM·FECIT

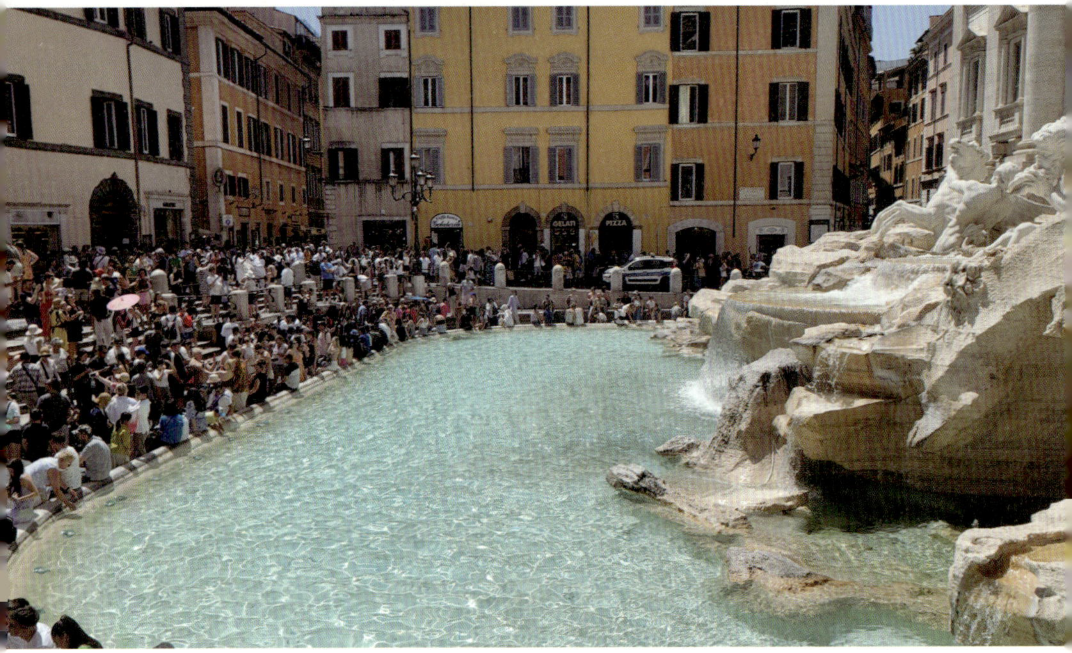
GELATI
PIZZA

　22일 오전 숙소가 있는 아쿠토에서 피렌체까지 3시간여 동안 차창 밖 풍경에 눈을 뗄 수가 없었습니다. 높고 낮은 산 중턱의 중세마을과 그 아래 초원과 해바라기, 올리브, 포도 농장이 끝없이 펼쳤습니다. 피렌체에 가면서 이탈리아는 곳간이 그득하고 처처가 문화재니 먹고 즐기는 데 부족함이 없겠구나 부러웠습니다.

　피렌체는 르네상스를 꽃 피운 도시답게 한 폭의 그림이었습니다. 미켈란젤로 광장에서 바라보는 전경이 이를 잘 보여주는데요. 아르노강을 따라 걷다가 저 강과 도시와 하룻밤 지새우다 갔으면 좋겠다는 생각도 했습니다. 그러나 발걸음은 빠르게 두오모성당을 향했습니다. 여기도 로마 어느 성당과 같이 사람들로 버글버글했습니다. 세계 4번째 큰 성당이라 그런지 한 장의 사진에 담을 수가 없었습니다. 성당 한 바퀴 돌고 다음 시뇨리아 광장과 베키오궁전 등을 들렀습니다. 눈이 감기고 발걸음이 무거워 주변 카페에서 시원한 음료를 마시며 정신을 차렸습니다. 그리고 단테 생가를 찾았는데요. 단테가 다녔다는 교회와 생가 등을 돌아봤는데요. 아무튼 피렌체는 처처가 유서 깊은 유적지로 볼 것이 너무 많아 시간이 부족한 게 흠이었습니다.

피렌체의 짧은 여정을 마치고 숙소가 있는 비첸차를 향했습니다. 오는 동안 눈을 감았다 뜰 때마다 차창 밖은 오전보다 더 넓은 곡창지대가 펼쳐졌는데요. 비첸차에 도착할 즈음 멀리 해가 뉘엿뉘엿 지고 있었습니다. 오후 8시 30분, 더위 빼고 여행하기 좋게 낮의 시간이 참 깁니다.

다음 날 물의 도시, 베네치아로 가는 아침은 상쾌했습니다. 버스에서 내리자마자 시원한 바람이 그간 살인적 더위를 말끔하게 날려줬습니다. 여객선을 타고 본 섬에 도착했을 때 베네치아가 세계에서 가장 아름다운 섬 중의 섬이라는 걸 금방 실감할 수 있었습니다. 곤돌라를 타고 골목 골목을 구경도 하고요. 산마르크 광장과 탄식의 거리 등을 돌아봤습니다. 그리고 점심 식사 후 산마르크 광장 옆 베네치아에서 가장 오래되었다는 '페'에서 커피를 마셨는데요. 커피 한 잔이 15유로(21,000여 원)인데도 아깝지 않았습니다. 이 섬의 공중화장실 사용료가 2유로인데요. 커피를 마시면서 화장실을 두 번이나 무료로 다녀왔으니 커피는 11유로에 마신 셈이지요. 거기다가 피아노 연주까지 곁들이니 한나절이 꿈결같이 흘러갔습니다. 딸내미가 2박 3일 베네치아를 다녀온 연유를 알 것 같았습니다.

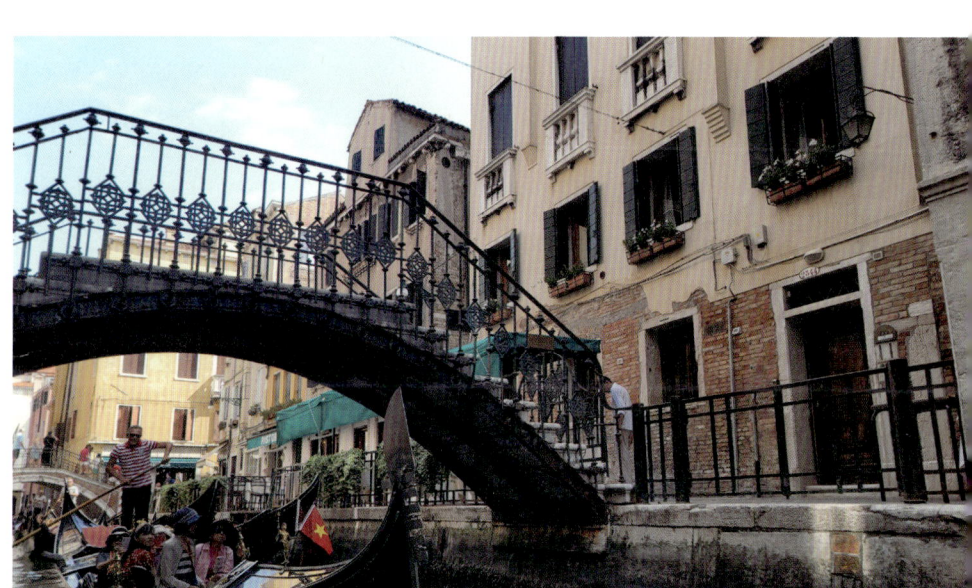

　다음 여정은 밀라노였습니다. 이곳의 더위도 장난이 아니었습니다. 밀라노 대성당, 중앙 광장과 그리고 명품 가게가 즐비한 몬테 나폴레오네 거리 등을 돌아보는 동안 베네치아 시원한 바닷바람이 그렇게 그리울 수가 없었습니다.

　24일 오전 버스와 열차를 갈아타고 친퀘테레를 찾았습니다. 여기는 여름이 되면 이탈리아 사람들뿐만 아니라 전 세계 사람들이 찾는 유럽의 최고 휴양지 중 한 곳이라고 합니다. 해안가를 따라 형성된 5개 마을과 해변의 언덕은 친퀘테레(Cinque Terre) 국립공원으로 보호되고 유네스코 세계문화유산으로도 등록되었다는데요. 그중 가장 아름답다는 마나롤라를 찾았습니다. 절벽 위에 파스텔 톤의 집들이 다닥다닥 붙어 있는데요. 마치 동화 속의 그림 같다는 마을의 명성답게 골목과 해변가는 관광객들로 북새통을 이뤘습니다. 푹푹 찌는 날씨 탓에 더위를 잊기 위해 해수욕을 즐기는 사람들도 엄청났습니다. 우리는 해변가를 걷는 것조차 포기하고 바로 에어컨 시설이 잘된 식당을 찾았습니다. 이 식당에서 젤로 유명하다는 해물 파스타와 해물 튀김을 시켰습니다. 그런데 가격 대비 맛은 별로였습니다. 그때 고향의 어죽과 도리뱅뱅이가 생각나는 건 어인 일일까요.

25일 국내 여행팀과 공항에서 헤어지기 전 바디칸 시티 앞에서 고급 레스토랑을 찾았습니다. 피렌체 스테이크를 주문하고 치즈를 곁들인 파스타를 주문할 즈음 식구는 또 파스타냐고 한소리하는데요. 그도 그럴 것이 하루 한두 끼가 파스타니 지겨울 만도 합니다. 그래도 여기 파스타는 싸구려 파스타가 아니라며 먹을만하다고 했습니다. 그리고 장소를 옮겨 아이스크림(젤라또)을 사 먹고 커피를 마시면서 7박 8일 이탈리아 여정을 정리했습니다. "아는 자가 좋아하는 자보다 못하고 좋아하는 자가 즐기는 자보다 못하다"(知之者不如好之者 好之者不如樂之者)는 『논어』「옹야」편의 글귀가 떠올랐습니다. 이번 여행은 무엇을 배우고 공부하는 것보다는 여행 자체를 즐기는 데 있었습니다. 그래서 여행 일정을 소화하면서도 욕심부리지 않고 쉬고 싶을 때 쉬면서 즐겼습니다. 로마 공항에서 부다페스트로 돌아오는 항공기가 3시간 연착하는데도 그러려니 했는데요. 딸내미 집에 도착하니 새벽 1시 30분이었습니다. 여행은 돈 주고 고생하며 즐기는 것이여, 이까짓 건 아무것도 아녀, 딸내미와 사위와 식구와 함께 이탈리아 만세였습니다.

4. 다시 헝가리를 가다

오전 내내 딸내미 집에서 뒹굴뒹굴 놀다가 부다페스트 최고의 번화가이자 쇼핑가인 바치거리를 다시 찾았습니다. 이탈리아와 달리 시원한 바람으로 발걸음이 가벼웠습니다. 딸내미는 먼저 뉴욕 카페를 가자고 했습니다. 그래서 부다페스트 왔으면 부다페스트 카페를 가야지 웬 뉴욕 카페를 가냐고 했더니만요. 이 카페는 이탈리아 르네상스 양식으로 세계에서 가장 아름다운 카페 중 한 곳이라 하면서 부다페스트 오면 꼭 들르는 곳이라 했습니다. 그러면서 부다페스트 머무는 동안 부다페스트 카페는 많이 갈 거라며 씩 웃었습니다. 뉴욕 카페는 그 명성답게 30여 분 기다렸다 겨우 자리를 얻을 수 있었는데요. 청춘과 연인과 동서양 남녀노소로 가득했습니다. 규모도 규모지만 음식과 음료와 연주도 아주 좋아 좋았습니다. 그 이후 전통시장과 웨스트앤드 쇼핑몰을 구경한 후 집으로 들었습니다.

저녁 식사 후 부다페스트에서 가장 유명하다는 젤라토 가게를 찾았습니다. 그리고 성 이슈트만 성당에서 야경 투어를 시작했는데요. 차가운 바람에다 젤라토까지 먹어서 그런지 덜덜덜 떨었습니다. 그래도 이탈리아 더위보다는 견딜 만했습니다. 이번 야경 투어는 딸내미와 사위는 다른 일정으로 빠지면서 버스 야경 팀과 합류했는데요. 지난 17일 야경 가족사진을 찍을 때 찾지 않았던 겔레르트언덕을 올랐는데요. 지난해 프라하 야경과 또 다른 그 무엇에 황홀했습니다. 그리고 어부의요새와 국회의사당 등 야경을 두루 봤는데요. 세치니다리는 불이 커져 있어 아쉬웠습니다. 아직도 다리 보수 공사 중이라 택시와 대중교통 외 사람 출입이 금지되었다는 가이드 안내도 있었습니다.

친정아버지 비행기 타다 265

27일 오전 딸내미와 식구는 오스트리아 빈 판도르프 아울렛에 갔습니다. 같이 갈까 고민하다가 빠지기로 했습니다. 그 대신 딸내미가 지인들을 붙여줘서 시내를 나가게 되었습니다. 헝가리 왔으면 헝가리 음식을 제대로 맛봐야 한다며 바치거리에서 가장 잘나간다는 식당으로 갔습니다. 거기에서 굴라쉬 등 부다페스트 전통음식을 맛보게 되었는데요. 음식을 가리지 않는 내겐 딱이었습니다. 이번 여행에서도 지난해 유럽 여행과 같이 높은 건물이나 아파트 등을 쉽게 볼 수 없었습니다. 부다페스트도 예외는 아니었는데요. 페스트 시내에서 성 이슈트반 성당보다 높은 건물을 올릴 수 없는 걸 딸내미 지인한테 들을 수 있습니다. 그만큼 역사와 전통을 중시하는 헝가리 문화가 부러웠습니다.

다음 날 식구와 단둘이 세치니 온천을 다녀왔습니다. 세체니 온천은 유럽에서도 가장 잘나가는 온천이라며 딸내미가 권유해서 가게 되었습니다. 언어가 제대로 되지 않아 걱정이 앞섰지만 입장료 지불하고 탈의실에서 옷을 갈아입고 별 탈 없이 온천욕을 즐겼습니다. 그리고 시민 공원 내 영웅광장과 버이더 후녀드성 등 두루 돌아봤습니다. 그런데 안익태 흉상을 찾는데는 길눈이 어두워 얼마나 고생했는지 모릅니다. 해가 지고 어둠이 깊어갈 무렵 도나우강 유람선을 탔습니다. 배를 타고 물 위를 달리면서 이탈리아에서 따라붙었던 무더운 마음을 싹 지우는데 제격이었습니다.

헝가리에 가면 꼭 가보고 싶은 곳이 있었습니다. 벌라톤호수와 그 호수의 진주라 불리는 동화 같은 마을 티하니입니다.

29일 오전 10시 딸내미 집을 나와 차로 1시간여 달려 벌라톤호수를 만날 수 있었습니다. 주차장에 차를 주차하고 입장료를 지불하고 호숫가를 걸었는데요. 발라톤호수는 생각했던 것보다 어마어마한 바다였습니다. 면적이 596km, 길이 80km, 너비 10km라니 바다가 없는 헝가리 사람들이 '헝가리의 바다'라고 일컬을만 하겠지요. 바다 같은 호수도 호수지만 피서를 즐기는 다양한 민족의 사람들이 한데 어우러져 물 위의 그림을 이루는 풍경이 그야말로 장관이었습니다. 거기다가 굴뚝빵도 일품이었습니다.

티하니마을은 배를 타고 갔습니다. 그리고 바로 예약된 식당을 찾았습니다. 헝가리식 코스 음식과 포도주를 곁들였는데요. 가격만큼이나 정갈하고 맛났습니다. 그리고 그곳에서 생산했다는 포도주도 몇 병도 샀습니다. 난 포도주를 즐기지 않으니 맛도 모르고, 그래도 식구와 딸내미가 좋다고 하니 고개만 끄덕였습니다.

티하니는 벌러톤호수 북쪽에 있는 작은 마을로 1952년 헝가리 최초로 자연

보호구역으로 지정되었다고 합니다. 우리는 먼저 라벤더 농장을 찾아갔는데요. 철이 지났는지 대단위 꽃밭은 구경하지 못한 채 농장 주변의 야생 라벤더 꽃을 보는 것으로 만족했습니다. 그리고 바로 발라톤호수를 한눈에 내려다볼 수 있는 전망대를 찾았습니다. 그리고 거리 거리를 걸으면서 주변 풍경에 흠뻑 빠졌는데요. 식구는 사위를 고생시키긴 했어도 티하니마을에 오길 참 잘한 것 같다고 좋아했습니다.

　30일 헝가리 여정의 마무리를 하루 앞두고 부다왕국 내 헝가리 국립미술관과 부다페스트 왕궁 역사박물관을 찾았습니다. 헝가리 역사와 문화를 공부한 적이 없으니 작품의 이해가 쉽지 않았습니다. 그래도 「가난한 가족」, 「귀향」, 「노동」 등의 그림은 과거 우리의 현실과 닮아 발길을 머물게 했습니다. 두어 시간 미술품 감상을 마친 후 미술관 전망대에 올랐는데요. 그동안 어부의요새나 부다왕국에서 보았던 부다페스트 전경이 또 달랐습니다. 국립미술관과 부다페스트 왕궁 역사박물관 관람을 마치고 한국 식당에 들러 비빔냉면으로 늦은 점심을 했습니다. 비가 오지 않았다면 도나우강을 따라 딸내미 집까지 걸어가려고 했는데요. 다음에 다시 부다페스트를 찾게 된다면 꼭 도나우강을 따라 세니치다리를 건너 바치거리까지 걸어보자고 합니다.

　딸내미 집 옆의 Mol Campus 전망대는 부다페스트 여정의 마지막 목적지로 남겨놓았습니다. 그런데 짐도 싸고, 이것저것 정리도 하다 보면 여유가 없을 테고 해서 부다왕국 내 국립미술관과 부다페스트 왕궁 역사박물관 다녀온 날 비가 그치고 전망대에 올랐습니다. 이 건물은 143m로 부다페스트뿐만 아니라 헝가리 내 가장 높은 건물이라는데요. 경제특구 관련해서 기존의 성 이슈트만 성당의 96m 높이 고도 제한 예외 건물이라 합니다. 그리고 지난봄에 29층 전망대를 열었다 하는데요. 등잔 밑이 어둡다고 딸내미 집 옆에 있는데

도 출국 하루 앞두고 오르게 되었습니다.

부다페스트의 마지막 날 공항으로 가기 직전 딸내미 집 앞의 공원과 도나우 강 변을 산책하면서 크로아티아, 이탈리아, 헝가리 여정을 돌아봤습니다. 사위는 출근하면서 작별의 인사를 나누었습니다. 딸내미와는 공원 내 카페에서 간식으로 피자를 시켜 먹고 커피를 마시면서 다음을 기약하며 이번 여행에 대하여 고마움을 전했습니다.

7월 13일 출국해서 8월 1일 한국에 들어오기까지 짧다면 짧고, 길다면 긴 여정이 딸내미와 사위 덕분에 행복했습니다. 18일 만에 집으로 돌아오는 길 먼저 부모님을 찾아뵙고 인사를 올렸습니다. 그리고 식구를 읍내 집에 내려주고 바로 여여산방을 찾았는데요. 텃밭과 꽃밭의 채소와 꽃들이 날 찾아봐라 하면서 잡초 속에 꽁꽁 숨어 있었습니다. 그래도 상사화 빼꼼히 고개를 내밀고 반기니, 가을이 가까이 와 있는 것 같았습니다.

여름 가고 가을에는 어디에서 행복할까요? 가을을 아는 것보다 가을을 좋아하고 즐기는 사람이 되고 싶습니다. 딸내미도 한국에 들어오기까지 헝가리를 잘 아는 것보다는 헝가리를 좋아하고 사랑하길 바라는 마음을 담아 카톡을 날렸습니다.

"부다페스트가 우리 딸내미가 있어 행복하겠다. 친정아버지 언제 또 비행기 타고 딸내미 보러 가나."

천황사 전나무

천둥·번개를 동반한 요란한 장맛비로 밤새 잠을 설쳤습니다. 눈을 감았다 뜰 때마다 뇌성과 불꽃은 지옥의 바다 같았습니다. 산짐승도 우레 장맛비가 무서운지 괴성을 질러댔습니다. 해마다 반복되는 장맛비인데도 나이 탓인지 이제는 두렵고 무섭습니다.

늙어간다는 건 회억뿐인가요. 장마가 시작되기 전 진안 천황사를 다녀왔습니다. 이른 봄부터 다녀와야지 맘먹었지만 바쁘다는 핑계로 선뜻 나서지 못했는데요. 주말 아침 식구와 무슨 이야기 중 지인들이 탐사 갔었는데 좋았다는 이야기를 들었다고 했습니다. 탐사도 진안이니 이때다 싶어 탐사 갑시다, 바로 집을 나섰습니다.

탐사는 20여 년 전 목적한 바 없이 들렀던 곳입니다. 내가 낙향 전 서울 생활 때 자주 만났던 방민호 문학평론가 전화를 받고 찾아간 곳이 마이산 금당사이었습니다. 강상기, 오세영, 최동호 시인, 박범신 소설가, 이승원 문학평론가 등이 함께 있었습니다. 처음 뵌 강상기 시인을 제외하고는 오래전부터 인연이 있었던 터라 1박 2일 격의 없이 즐거웠습니다. 그때 아침 산책 겸 탐사를 처음 찾았습니다. 그 이후 지인들과 두어 차례 더 들렀지요.

　오랜만이라 그런지 금당사와 탑사 주변 환경이 무척 낯설었습니다. 주차장에 차를 세우고 걸어가는 내내 옛길의 흔적이 생각나지 않았습니다. 금당사는 문화재 관람료 없이 무사통과였습니다. 그런데 탑사는 달랐습니다. 불교 신도증을 보여주었더니 여기는 조계종이 아니라 입장료를 내야 한다는 거였습니다. 탑사는 문화재가 없으니 국가에서 문화재 관람료를 보존해 주지 않는 모양입니다. 사람이 많은 데다 날씨는 푹푹 쪘지만 여길 오길 잘했습니다. 오랜만에 마이산을 배경으로 기념사진을 찍고 바로 천황사로 향했습니다.

천황사와 인연은 고교 시절 여름 방학 때 학교 밖 불교 동아리 '법륜' 하계 수련회 때였습니다. 그동안 절은 참배할 때 잠깐 들렀지 2박 3일 숙식을 하며 생활했던 건 천황사가 처음이었습니다. 더군다나 수련회가 끝나고 다들 집으로 돌아갔는데 난 그곳에서 여름 방학이 끝날 때까지 남았으니 어찌 천황사를 잊을 수 있겠는지요.

　수련회 첫날 저녁은 스님들의 식사법대로 발우공양을 했습니다. 생전 처음 대하는 식사법이라 무척 당황했는데요. 남들 하는 대로 눈치껏 밥과 국과 반찬을 주는 대로 받아 잘 먹었습니다. 그런데 문제는 그 뒤에 발생했습니다. 발우공양의 마지막 의식으로 청수물로 밥그릇과 국그릇, 찬그릇을 씻는 것이었습니다. 그리고 그 물을 버리는 게 아니라 마셔야 한다니 암담했습니다. 다들 인상을 찌푸리며 마시니 나도 따라 마시긴 마셨는데요. 비위가 상해 바로 밖으로 뛰쳐나와 그만 토하고 말았습니다. 그러니 이후 어찌 발우공양을 할 수 있겠는지요. 그래도 점심은 발우공양 아닌 국수여서 얼마나 다행인지 모릅니다. 2박 3일 두 끼 국수로 견뎠는데요. 그래도 천황사 하계수련회 이후 발우공양뿐만 아니라 평소 내가 먹은 밥그릇이나 국그릇에다 마실 만큼 물을 받아 씻고 마시는 게 자연스러워졌습니다.

　　천황사 전나무를 아시는지요
　　전북 진안군 정천면 갈용리
　　전나무 가로수 길을 따라가다 보면
　　조포라고 부르는 마을 끝자락
　　하늘길보다 생의 길에 서 있는
　　천황사 전나무를 만날 수 있지요

태풍 루사 때 허리가 꺾여 키가 작아졌지만
천황사 남쪽 산 중턱 천연기념물보다
아랫도리 몇백 배 힘이 더 세서
새 가지가 몇천 가지처럼 하늘을 떠받치는데요
45년 전 우리 아부지 오토바이에 엄니 태우고
산 넘고 강 건너 비포장 이백 리 길
단숨에 달려와 전나무 아래 오토바이 세우고
아들아, 우리 아들아 불렀다네요
우리 아부지 무슨 신명으로
헛되고 못난 아들 만나러 낯선 진안 찾았을까요
온갖 안락과 평안과 행복이
시퍼렇게 푸르고 푸르게 빛나는
전나무 아래 돗자리를 깔고
찌그러진 아들 마음을 펴기 위해
―절에 사는 나무는
어제도 오늘같이 오늘도 내일 같이
수만 리 장천 푸르고 푸르게 널 지켜줄 거다
위로하며 깜빡깜빡 허공을 긋고 날아가는
반딧불이 지그시 올려다보았다는데요
천황사 전나무는 그날 그대로 아부지같이
세상을 향해 절하고 있었습니다

―양문규, 「천황사 전나무」 전문

수련회가 끝나는 날 지도법사이며 시인이었던 운장 김대현 선생님께 방학이 끝날 때까지 천황사에 있을 수 있도록 주지 스님께 부탁을 요청했습니다.

"부모님이 걱정을 많이 하실 텐데……"

그러면서 대학에 들어간 이후 절 생활을 해보는 게 어떠냐며 만류했습니다. 그래도 다시 간곡하게 부탁을 드렸습니다. 그럼 천황사에 있다는 사실을 부모님께 반드시 알려야 한다면서 허락했습니다.

그땐 절에 전화가 없던 터라 바로 부모님께 알리지 못했습니다. 차일피일 미루다 일주일이 지날 무렵 천황사에서 공부하면서 잘 있다는 안부 편지를 보냈습니다. 부모님은 편지를 받자마자 오토바이를 타고 달려왔는데요. 그때 부모님 연세는 40대 초반이었습니다. 벌써 그때 부모님 나이보다 더 많은 세월이 흘러갔습니다.

어제는 아버님이 병원에 입원했습니다. 자전거를 타고 시장에 갔다가 집에 다 와서 넘어졌다네요. 길을 가던 학생들이 발견해서 이웃집에 알리고, 이웃집 아주머니가 119 전화해 병원으로 갔던 모양입니다. 그러는 동안 엄니는 또 얼마나 놀랐을까요.

병원에 도착했을 때 의사 선생님은 상처 난 머리와 이마 등을 치료하고 있었습니다. 그리고 머리와 척추는 이상이 없으니 크게 걱정하지 않아도 된다 했습니다. 그런데 열이 높다 했는데요. 코로나 확진이었습니다. 그리고 피 검사를 했습니다. 염증 수치가 높아 결국 일주일 입원 치료를 한 후 퇴원했습니다.

연세가 있으니 아버님 운전면허증 반납해야 한다는 걸 지난해부터 말씀드려 왔습니다. 그러나 아버님은 못 들은 척 지나쳤습니다. 만약 이번 사고가 자전거였으니 망정이지 자동차였으면 어쩔 뻔했겠는지요. 퇴원 전 자동차를 눈에 띄지 않는 먼 곳에 끌어다 놓고 자동차 운전과 자전거를 타지 말 것을 권유했는데요. 아버님은 자전거는 없애라 하면서 자동차는 완고하게 안 된다고 했습니다.

아버님은 우리 동네에서 가장 먼저 자전거를 탔습니다. 그리고 오토바이와 자동차 역시 마찬가지입니다. 자동차는 우리 자동차가 생산되는 해부터 사서 타고 다녔으니 아주 오래되었지요. 그런데 운전면허증을 반납하라니 선뜻 동의하기 어려웠을 겁니다. 자동차 운전면허증은 그대로 두고 자동차만 처리했습니다.

나는 한때 탁발승을 꿈꿨습니다. 생존을 위한 최소한의 양식으로 길을 가고자 했습니다. 그것이 모든 욕망으로부터 자유로운 참삶이라 여겼기 때문입니다. 중이 아니면서 절과 가까이 살았던 연유가 그러합니다. 그럴 때마다 아버님은 거기가 어느 절이든 오토바이나 자동차를 몰고 달려왔는데요. 이제 자동차가 없으니 아버님 얼마나 답답할까요. 그래도 우리 아버님 자동차 없이도 "어제도 오늘같이 오늘도 내일 같이/수만 리 장천 푸르고 푸르게" 언제나 큰 나무처럼 자식을 사랑할 것입니다.

장맛비와 불볕더위가 끝나는 대로 아버님을 모시고 다시 천황사 전나무를 보러 갈까 합니다. 그때 그날 자식을 향한 아버지의 마음과 같이 천황사를 갈 것입니다. 45년 전 그때 그대로 "세상을 향해 절하고 있"는 전나무를 올려다보며 아버지 마음을 간절히 새겨야겠습니다.

길을 가는 자여 행복하여라

2025년 3월 15일 초판 1쇄 펴냄

지은이 _ 양문규
펴낸이 _ 양문규
펴낸곳 _ 詩와에세이

신고번호 _ 제2017-000025호
주   소 _ (30021)세종특별자치시 조치원읍 충현로 159, 상가동 107-1호
대표전화 _ (044)863-7652
팩시밀리 _ 0505-116-7653
휴대전화 _ 010-5355-7565
전자우편 _ sie2005@naver.com
공 급 처 _ 한국출판협동조합
주문전화 _ (02)716-5616
팩시밀리 _ (031)944-8234~6

ⓒ양문규, 2025
ISBN 979-11-91914-77-1 (03810)

* 지은이와 협의하여 인지는 생략합니다.
* 이 책 내용의 전부 또는 일부를 재사용하려면 반드시 지은이와
  詩와에세이 양측의 동의를 받아야 합니다.
* 책값은 뒤표지에 표시되어 있습니다.